智元微库
OPEN MIND

成 长 也 是 一 种 美 好

WINNING MINDS

领导的语言

瞬间赢得人心的
23个科学沟通法则

Secrets from the Language of
Leadership

［英］西蒙·兰卡斯特（Simon Lancaster） 著

翟清永 译

人民邮电出版社

北京

图书在版编目（CIP）数据

领导的语言：瞬间赢得人心的23个科学沟通法则 / （英）西蒙·兰卡斯特（Simon Lancaster）著；翟清永 译. -- 北京：人民邮电出版社，2023.7
ISBN 978-7-115-61893-1

Ⅰ. ①领… Ⅱ. ①西… ②翟… Ⅲ. ①领导人员—语 言艺术 Ⅳ. ①C933.2

中国国家版本馆CIP数据核字(2023)第099099号

版 权 声 明

◆ 著 ［英］西蒙·兰卡斯特（Simon Lancaster）
　　译 翟清永
责任编辑 林飞翔
责任印制 周昇亮

◆人民邮电出版社出版发行　　北京市丰台区成寿寺路 11 号
邮编 100164　　电子邮件 315@ptpress.com.cn
网址 https://www.ptpress.com.cn
河北京平诚乾印刷有限公司印刷

◆开本：720×960　1/16
印张：15.5　　　　　　　　　2023 年 7 月第 1 版
字数：200 千字　　　　　　　2023 年 7 月河北第 1 次印刷

著作权合同登记号　图字：01-2022-6746 号

定　价：62.00 元

读者服务热线：（010）81055522　印装质量热线：（010）81055316
反盗版热线：（010）81055315
广告经营许可证：京东市监广登字 20170147 号

赠 言

致洛蒂和爱丽丝

过你们所愿的人生，
做你们所爱的事情，
去你们心之所向的地方，
我会永远与你们相伴。

目　录

——

第二部分　赢得情感脑

——满足人们的情感需求

——

—

第三部分　赢得逻辑脑
——在思维上取胜

—

引 言

导读

    2012 年 7 月 26 日，奥林匹克运动会在伦敦正式开幕。我和妻子露西及另外 25 万名观众齐聚海德公园（Hyde Park）共同庆祝这一体育盛会。夏日炎炎，人们举杯共饮，现场气氛热烈。随后，时任伦敦市长摇摇晃晃地走上了舞台。看到这一幕，不少观众低声呢喃，心存不满地谈论着这位政治家，少数观众直接掏出手机，按下了录音键。

    要知道，我压根就不是这位市长的粉丝。我的大多数政治经验都是跟艾伦·约翰逊共事时不断积累的。然而，市长那天的表现出乎我的意料。**仅用 3分钟，他就转变了观众的态度。** 观众从一开始的不忿抵触、恶意相向，变得情绪高涨、激动无比。这就是专家级的领导力语言。

    我这一生从未见过此番奥运盛事。

    奥运狂热席卷全球，所有人都情绪高涨、异常兴奋，兴奋到我觉得盖革计数器（Geiger counter）都要爆表（zoink）了。

世界各地的人都在注视着我们，凝望着伦敦这个全球最伟大的城市，对不对？

五湖四海的人们慕名而来，但他们并不清楚，我们过去 7 年为这次奥运所做的种种准备与点滴付出。

我听说有一个叫米特·罗姆尼（Mitt Romney）的家伙，一直想知道我们是否已做好准备。

那我们的进展到底如何？没错，我们早已准备就绪。

奥运场地、体育馆、水上运动中心、奥林匹克自行车馆等早已安排妥当，安保一切就绪，警方随时待命，交通畅通无阻，我们大不列颠的运动员也已整装待发……不是吗？

届时，这里会诞生很多金牌、银牌和铜牌，而这些奖牌足以帮助一些国家渡过难关。

最后一个问题。我们能顺利举办一场有史以来最为盛大的奥运盛会吗？

我们担心天气的影响吗？不，我们压根不必担心！

我们能击败法国队吗？能，我们一定能！我们能打败澳大利亚队吗？能，我们一定能！我们能战胜德国队吗？我相信，这都不是问题！

谢谢大家，我谨祝大家尽享奥运激情，2012 年在伦敦欢享一段美好又精彩的旅程。最后，感谢各位的支持。

大家搜一搜现场视频吧——真的很有感染力，亲眼看看现场观众真实的情绪转变。刚开始，观众还会试探性地笑笑。再后来，随着市长的激情演讲，每个人都备受感染、备受鼓舞，齐声高喊着："能，我们一定能！"最后，观众不由自主地鼓掌呐喊，恣意高呼。

当时，我和露西也狂喊，突然，我们停止呼喊，重拾意识，回归现实。

"天啊！究竟发生了什么？"露西问道。"我们被大家的情绪感染了。"我答道。确实如此，这个演讲简直激情澎湃，观众们的情绪异常高涨。市长的几句话就让所有人兴奋无比，毫无缘由地陶醉至极。所以，到底发生了什么，竟让我们的大脑变得如此兴奋？现在来看看听了市长的演讲后，我们大脑的兴奋状态吧。

市长的演讲刺激大脑释放了三种强烈的兴奋剂。第一种兴奋剂就是血清素。它与人的自尊息息相关，让我们备感自信，变得更加强大有力。人一旦受到表扬，大脑就会释放血清素：市长的演讲对我们伟大的国家和运动员进行了高度赞扬。

第二种兴奋剂是催产素，也就是爱的激素。催产素让人感到温暖、愉悦和安全。我们与他人产生亲密感时，催产素就会自然释放。这种亲密感可以源自接触、牵手、拥抱等亲密行为，也可以从市长的演讲中获得。市长在演讲中，不断使用第一人称，与观众拉近距离：他在演讲中一直说"我们"，而不是"我"。而且，他并没有像其他政治家一样说"我们保守党"，而是选用"我们大不列颠"之类的词语。他还不断提醒我们明确共同的对手，让我们团结一心：还有什么比提起德国更能让 25 万名观众团结呢？

第三种兴奋剂就是多巴胺，它是一种奖励机制。多巴胺让人自我感觉良好，而多巴胺的释放量主要取决于自我期望的满足值。市长的演讲远远超乎了观众的预期。他非但没有得意自满，展开政治演讲，反而直白简洁地表达了内心的爱国情怀。他还使用了"奥运狂热""爆表"等词，让我们激动不已。

因此，市长似乎在演讲中注入了让人兴奋的情绪。所以那天，海德公园里的观众似乎比观看 1969 年滚石乐队（Stones）的表演还要兴奋。市长的演讲后劲十足，效果惊人。他让所有人团结一心，备感自豪，也变得无坚不摧。萍水相逢的人一见如故并彼此问候，傻傻地高喊"太棒了！""永远的传说！"

等话语。所有人都陶醉其中，狂喜万分，不知道的还以为他们参加了一场摇滚音乐会。

但是，一如往常，高潮过后便是低谷。这就是那些悲苦的老套路。处于低谷时，人体不会释放兴奋剂，相反会释放毒素，让人萎靡不振、郁郁寡欢。但领袖们正是在极度沮丧中不断汲取力量而成长起来的。因为低谷来临时，我们就会渴望下一次高潮；而渴望高潮时，我们又该向谁寻求帮助？当然是上次带我们步入高潮的人。

这就是人们不断寻求领导者的原因。人们渴望获得自豪感，渴望与他人建立联系，渴望带着目标生活。人们往往不断寻找着下一个目标。这同时也正是伟大领导者对追随者的承诺和要求："我会满足你们的情感需求，但作为回报，你们要支持我。"契约就这样在不经意间达成。

领导力"核能"的秘密

2014 年圣诞时分，我来到英国布雷肯比肯斯市中心的红狮酒吧（Red Lion），找到一张宽大的皮革扶手椅，舒适地坐了下来。酒吧里炉火熊熊，让我感到温暖无比。我选择这个时候来到酒吧是为了完成有关领导力的演讲终稿，但我毫无头绪。旁边的酒桌上，一群男人正把酒言欢，热火朝天地讨论着他们需要中多少彩票才能不用工作、自在生活。突然，其中一位男士转头问我："你觉得 100 万英镑的年利息能有多少？""大概 3 万英镑？"我一脸茫然地猜道。听后，这位男士淡然一笑。"确实，3 万英镑足够在梅瑟蒂德菲尔买一栋房子了。"有人随口打岔道。"没错，但你要怎么花另外的 29 800 英镑呢？"这位男士答道。大家顿时哄堂大笑。我也受邀加入他们，一起畅谈世事。

之后的两小时，我们就仿佛搭上一辆近代史列车，畅谈沿途时代逸闻，旋风般地领略历史发展。我们聊到南威尔士关闭矿井，谈起中欧和东欧的移民涌入，提及一些国家的紧张局势，所知之事，无所不谈。但令我惊讶的是，无论话题如何，我们最后都会把话锋聚焦在领导者身上。

领导者可以激发出巨大的情感力量，无论积极的还是消极的，他们都在情感上深深地影响着我们。当前，全球面临领导力危机，[1]这次英国酒吧里的交谈就是最好的证明。这个世界需要领袖。缺少了领袖，世界文明就会停滞不前，无法发展。

> 全球面临领导力危机。

从本质上讲，伟大的领导力就是有效沟通。伟大的领导者无不沟通自如、交流完美。与人沟通如鱼得水，这样的人才称得上是伟大的领导者。而如今，沟通自如更是难上加难。现在的人宁愿低头看手机，也不愿抬头仰视那些领导者。这也正是我们必须克服的困难。

好在一套秘密的领导力语言（领导的语言）仍流传在世：几万年来，世界上一直秘密存在着一套有关身体、语言、声音的线索和信号，它从未消逝，至今仍影响着登上商界、政界顶峰的最终人选。过去很多人一直试图解构这套秘密语言，领悟其深刻内涵。时至今日，随着神经科学和行为经济学领域的研究取得了重大突破，我们才可以更加准确地了解这套秘密语言的工作机制和原理。

本书是领导力语言的指南，将为你开启秘诀宝库，介绍各种实用技巧，帮助你快速掌握高效演讲，让你在演讲中抓住重点、吸引听众、鼓舞人心。

---

1. 在召开瑞士的达沃斯年会之前，世界经济论坛事先调查了全球议程理事会的大约 1500 名成员，以确定当今世界面临的关键问题。2015 年的调查表明"缺乏领导力"是全球面临的第三大关键问题，仅次于收入差距大和失业率持续增长。86% 的成员表示，全球面临领导力危机，信任是关键。按照 0—10 分的等级（0 表示完全不相信，10 表示完全相信），他们仅对非营利慈善机构的领导者打分超过 5 分，其余行业均低于 5 分。

但在达成这一系列效果前，我将先带领你离开威尔士的红狮酒吧，跨越时间长河回到 2500 年前的雅典，亲自感受古老的希腊酒馆的氛围。酒馆里的人大多身穿宽大外袍，一边大口饮酒，一边聊着那些无稽之谈，乐在其中。这一点倒是跟威尔士红狮酒吧的情形颇为相似。因此，让我们欣然落座，共享美酒，浅尝橄榄。看看那个角落，看到那个一脸认真、不停涂画的人了吗？他就是亚里士多德（Aristotle），正在撰写那本《修辞学》（*Rhetoric*）。

修辞学

几千年来，各种崭新技术不断涌现，变革愈加创新。但于我而言，亚里士多德的《修辞学》依旧是沟通艺术的终极指南。当然，不少人大肆赞扬马基雅维利（Machiavelli）和戴尔·卡耐基（Dale Carnegie），但我始终认为，只有亚里士多德才是沟通专家。《修辞学》这本书不但注重科学演绎，还更强调观察探究。最令我钦佩的是，早在人类文明刚刚萌芽之时，亚里士多德就已经在此方面有所建树。

> 亚里士多德认为，实现良好沟通需要满足三大条件：ethos（德）、pathos（情）和 logos（理）。

亚里士多德认为，实现良好沟通需要满足三大条件：ethos（德）、pathos（情）和 logos（理）（大家很快就会发现，许多伟大的事都"成三"出现……）。这三个希腊词语的具体含义如下：ethos 代表可信度，pathos 代表情感，logos 代表逻辑或逻辑形式（亚里士多德本人坚称逻辑形式十分重要，哪怕它只是形式上的逻辑而不是真正的科学逻辑）。

毫无疑问，这是对的，不是吗？很多人在权衡未来领导者的人选时，脑海中萦绕着三大问题，而亚里士多德的三大条件恰恰可以回答它们："我能相信你吗？"（德）、"我关心你的所言所行吗？"（情），以及"你是确实做得妥当，还是只是做表面样子？"（理）。

伟大的领导者在面对这三大问题时，都希望听众给予一个积极、肯定又响亮的回答。大家肯定不能纯粹靠个人魅力或情感走向吸引观众。要想做好演讲，大家就必须三管齐下，面面俱到。

这就像一张三脚凳：一条凳腿坏了，其他凳腿就无法稳立，这张凳子自然会塌掉。如果人们不信任某位领导者（无德），就不会在意其看法（无情），也会随之怀疑其行文的真实性（无理）。同样，如果人们完全不在乎领导者所言（无情），就不会信任其人格魅力（无德），更不会费心去聆听他们的想法（无理）。另外，如果领导者发表了一些明显错误的言论（无理），这便让人们直接丧失信任（无德），也就更无情感可言了（无情）。

通过亚里士多德的修辞理念，我们可以马上发现现代沟通的问题所在：**很多人只在乎演讲者行文逻辑的正确性，却完全忽略了其人格魅力和情感走向。**事实上，我们一直在接受这样的教育：我们在演讲时要避免情感化或自我化。带着个人情感进行演讲，会让观众觉得不够专业；要是再经常提及自己，观众还会认为演讲者过于自我。参照亚里士多德的理念，德和情是演讲的必要元素，是解决当前领导力危机的核心要点。

据英国的一项调查，仅有约 1/5 的人相信商界和政界领袖实事求是，[1]只有

---

1. 目前，英国乃至全球各地学者都多次调查过人们对信任度的看法。其中最重要的调查来自英国的益普索·莫里诚实指数（Ipsos MORI Veracity Index）。它从 1983 年开始对许多关键行业的信任度进行了评估。评估问题是"你是否认为（某个行业）实事求是"。2014 年的调查显示，仅 16% 的人相信政治领袖实事求是，32% 的人相信商界领袖实事求是。
   爱德曼国际公关（Edelman PR）发起了一项全球性的信任度调查。2015 年《爱德曼全球信任度调查报告》（Edelman Trust Barometer）表明，2014 年全球信任度整体下降。而且针对知情公众，调查发现拥有受信任机构的国家数量降至历史新低。

13% 的人全身心投入工作。[1] 现如今，人们更多地沉迷虚拟网络，渐渐回避与现实世界中的人打交道。[2]

亚里士多德的修辞理念重出江湖，有助于解决当前的领导力危机。我这么说并不是因为我钟爱古代元素，而是因为行为经济学和神经科学的不断发展恰恰证明了亚里士多德的修辞理念的准确性和合理性。

古代修辞学与现代神经科学的精彩碰撞

好了，你要是不介意的话，请稍作收拾，准备离开古希腊酒馆，同我踏上全新的征程。没错，是时候启程出发了。若有必要，你可以抓上一些橄榄，在沿途中细细品味。这次，我们将跨越国界，疾驰去往 1994 年的意大利帕尔马。首先映入眼帘的是一个顶尖实验室，里面全是脑部扫描仪和计算机。一位面孔和善、满头银发的人正站在设备中间忙碌着。他就是意大利神经科学家里佐拉蒂。他拥有大众认知中科学家普遍具有的特征：身穿白大褂，有一双深邃的眼睛，跟电影《回到未来》（*Back to the Future*）中的布朗博士别无两样。但里佐拉蒂并不疯狂古怪，他是全世界最伟大的神经科学家之一。现在，他正盯着运动协调测试仪：观察猴子抓挠手臂和咀嚼坚果时的大脑活动（请务必注意那条提示，找到正确方法，观察现象）。

---

1. 该调查结果源自盖洛普公司的《全球职场年度报告》（*State of the Global Workplace Report*）。该报告指出，敬业的员工常常满腔热忱，感觉与公司关系紧密。他们可以推动创新，促进机构向前发展。而不务正业的员工基本均遭裁员。他们每天恍如梦游、心不在焉、缺乏热情。无法专注于工作的员工不仅感受不到一丝工作的快乐，还忧形于色。每天，他们非但做不出成绩，反而还在渐渐吞噬其他优秀员工的成果。
2. 英国通信管理局（OFCOM）发布了关于人们对媒体使用和态度的年度报告。近年来，越来越多的人通过不同的设备频繁使用媒体，使用次数的增长速度令人惊讶。

今天可真热……里佐拉蒂走向冰箱，拿出冰激凌吃了起来，测试仪随之开始跳动。里佐拉蒂连忙转身，看向测试仪上的数字，数字结果表明猴子大脑的部分活动与吃相关。他接着舔了舔冰激凌，测试仪再次跳动。后来，他又试验了几次，只要他吃东西，测试仪都会跳动。里佐拉蒂顿时领悟。这简直太神奇了。尽管猴子一动不动，但显而易见的是，它在脑海中不断设想与里佐拉蒂同步吃着冰激凌。猴子的思维恰恰是里佐拉蒂行为的映射。

这是一个重大发现，代表了那种差不多每 50 年才会发生一次的深刻科学突破：确实，人们普遍认为里佐拉蒂的发现是 DNA 之后的又一重大科学成果，若论地位其足以跟 DNA 的发现相提并论。这一发现揭示了这样的原理：人们看到某人有目的地行动时，会在脑海中反映此行为；然后，大脑会效仿并做出相同反应。

由此，里佐拉蒂创造了一个新术语——"镜像神经元"。这些神经元进一步解释了很多以前无法言明的现象，比如为什么看到某人用锤子敲到手指时，我们会感到害怕，不由自主地退缩；为什么看到有人错过公交车，我们会感到无比沮丧；为什么戴安娜王妃逝世后，数百万人走出家门，纷纷购买了纪念戴安娜王妃的《风中之烛》(Candle in the Wind) 等。一旦了解了镜像神经元，我们就会发现它无处不在：人群集体匆忙前行又放缓脚步；晚宴上，只要有一人开始打哈欠，其他人也会相继打哈欠……归根结底，这些现象都涉及镜像神经元。

自那时起，人们投资数十亿英镑用于神经科学研究。这是又一重大科学成果。后来，我们有了神经销售学、神经营销学市场。不久后，神经蒂克

> 神经科学标新立异，开拓性地揭示了大脑的内部工作原理。

（neuromantics，本词由"神经科学"和"罗曼蒂克"相结合而成）也重回大众视野——这对英国史班杜芭蕾乐队来说是莫大的好消息，其意义在于神经科学

标新立异，开拓性地揭示了大脑的内部工作原理。这就意味着我们可以针对曾经那些重大的猜想问题做出准确而科学的解答。

我不是神经科学家，我只是一名演讲撰稿人，但此时此刻，我早已深深折服于神经科学与古代修辞学的密切关联。亚里士多德的三大修辞理念与大脑三大构成部分即本能脑、情感脑和逻辑脑之间密不可分。

现在让我们来深入了解一下大脑的内部构造（见图 I.1）。

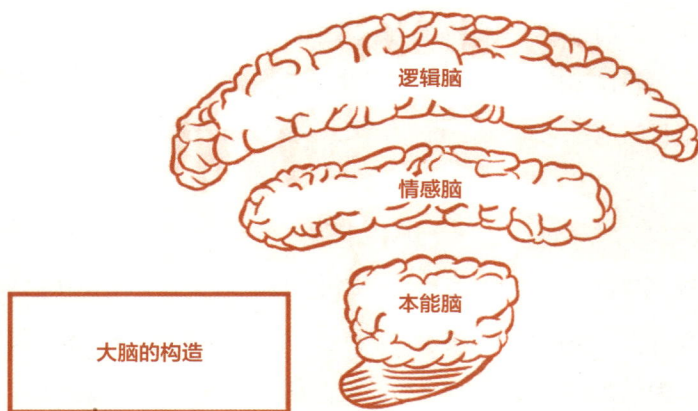

图 I.1　大脑的内部构造

本能脑

本能脑位于大脑的最里层，又称直觉脑、无意识脑、爬虫脑等。这是大脑最原始的组成部分，可以追溯到 500 万年前。这部分大脑功能强大，令人震撼。本能脑非常繁忙，95% 的大脑活动都发生在这里；而且本能脑无比强大，在无意识状态下，其工作速度是逻辑脑的 8 万倍。

本能脑工作高效，强大有序，直接关系到我们的生存：事实就是如此，毫不夸张。本能脑执行的运作命令就是确保生存，不仅关乎个人的生存，更关乎一个种族及物种的生存。为此，只要本能脑有欲有求，它就能拥有绝对强势的能力，直接掌控其他部分大脑的活动。这也是一件好事情。毕竟，还有什么比生存更重要呢？

本能脑主要靠两种方式来确保生存。第一，确保心脏不停地跳动、血液循环流通、肺部维持正常呼吸功能等。这些人尽皆知。但本能脑还具有鲜为人知的第二种确保生存的方式：本能脑就像体内的守护神，它工作起来仿佛一个极其先进的闭路电视监测系统，成千上万台摄像头扫视着人们身体的各个角落，不停地拍照，并根据过往记忆处理信息，随后产生强有力的神经冲动。这些冲动本能地将我们引到它们认为安全有益的环境中，让我们接触值得信赖的人，并本能地带领我们远离它们认为危险、可怕的人和环境。这岂不是太神奇了？

确实……要不是有那么一点缺陷的话，这一切就太棒了。但问题就在于过去 500 万年来，世界不停地变化，几乎超出了我们的认知，本能脑却从未改变。本能脑似乎仍然认为我们是在 6 万年前的大草原上踱步而行的穴居古人类，但实际上，我们早已非同往日。如今，我们正窝在沙发上吃着薯片，玩着手机，看着电视节目。

领导者必须在演讲中满足听众的本能脑的两大需求，即确保安全和寻求回报。但在搞清楚如何才能赢得本能脑的认可前，我们还需要了解大脑的第二层：情感脑。

情感脑

在专业语境中，仅是简单使用"情感"这个词就足以让人恼火和不屑。

究其原因，人们仍普遍认为"情感"是个贬义词，是"不成熟的人"才有的且需要处理的问题。这是一种偏见，也恰恰证明了上述有关本能脑的观点：本能脑似乎仍认为我们是在大草原上踱步而行的穴居古人类。然而，在对领导力的分析中，情感往往不容忽视。毕竟，如果演讲时缺乏情感色彩，那么打动人心就难上加难。"情感"这个词本身就暗藏玄机。"情感"即"E-motion"，源自希腊语，意为"由内而动"。"动"（motion）即"感动而行动"。

我给你讲个故事。从前有个人遭遇了很严重的车祸：车祸导致他的情感脑永久损伤，但逻辑脑完好无损（记忆力特别好）。于是，另外几个人灵机一动，想出了一个自以为聪明绝顶的主意——把他送到拉斯维加斯记牌，想着像电影《雨人》（*Rainman*）中的情节一般，赚很多钱，自此享受荣华富贵。但现实是，这群人将其送到拉斯维加斯后，压根无法让其顺意而为。于是，他们又劝说道："我们会让你发大财的！""可那又怎样？"那人一脸冷漠地回道。由此可知，人缺少了情感，也就缺乏了做事的动力。

情感脑极其强大，其工作速度可以达到逻辑脑的 20 倍。[1] 众所周知，情感势不可当。我们可以沉浸在情感中，无法自拔。这并不是某种诗意化隐喻，只是直白地用文字说明发生之事。当我们的情感波动时，大脑会分泌大量化学物质，它们会占满我们的整个头脑，包括催产素（爱的激素，让人亲密无间，想要拥抱等亲密接触）、血清素（增强自尊自信，让人倍感自豪）、皮质醇（让人感到有压力、心生恐惧、震惊不安）等。这些化学物质会激发情感，让人陶醉其中从而缺乏理性思考。可是，很多人对这些物质情有独钟，甚至极度渴望，花大量时间寻其踪迹，只为获得那片刻的情感满足。

---

1. 情感脑的工作速度是逻辑脑的 5 倍（乔纳斯·瑞德斯卓和谢勒·诺德斯特姆的研究得出）到 20 倍（兰斯·任卡的研究得出）。可以说，鉴于情感脑可以分泌大量强大的化学物质，它比逻辑脑要强大得多。

伟大的领导者清楚地知道这一点，所以他们满足了人们的情感需求。相应地，他们也收获了人们的鼎力支持。美国人担惊受怕时，乔治·沃克·布什（George W. Bush）（美国第 43 任总统）用演讲扫除了众人的担忧，给人们带来了十足的安全感；英国人焦虑不安时，托尼·布莱尔（Tony Blair）（英国蝉联三任的首相）激情演讲，为人们带来希望的曙光；人们闷闷不乐、缄默不言时，喜剧演员罗素·布兰德（Russell Brand）为人们发声，道出其内心的无限愤怒。这世间存在太多种情感——有数据显示大约有412种，[1]**而伟大的领导者要明确知晓激发情感的方法，在演讲中对其掌控自如。**

每位领导者都有掌控情感的独特方式。情感不同，策略自然也不同。我当然可以花上几星期侃侃而谈，但奈何时间有限，我们只能暂且跳过，继续了解大脑的第三层：逻辑脑。逻辑脑体积巨大，完全忽略它的存在未免有失妥当。

逻辑脑

逻辑脑约占大脑的 85%，是目前大脑中体积最大、相对较新的组成部分。由于逻辑脑的进化，人类才与猿类生物区分开，拥有了交流、创作、发明等神奇的能力：从车轮到印刷机，抗生素到互联网，喷气式发动机到苹果手机……古往今来，古代哲学家和启蒙思想家无不惊叹于逻辑脑的惊人智慧。但是，请你稍挪座椅，靠近一些，我将告诉你一个天大的秘密：其实，逻辑脑连人们所

---

1. 查尔斯·达尔文（Charles Darwin）在 1872 年的著作《人类和动物的情感表达》（*The Expression of the Emotions in Man and Animals*）中指出，人类主要有 6 种情感：生气、恐惧、悲伤、厌恶、惊讶和高兴。2004 年，西蒙·巴伦 - 科恩（Simon Baron-Cohen）用光盘只读存储器制作了一个互动情感资料库，详细介绍了 412 种情感。
   Simon Baron- Cohen (2004), *Mind Reading: The Interactive Guide to Emotions*, London: Jessica Kingsley Publishers.

说的一半聪明也没有。

大脑可以理性地思考问题，但并不代表会永远保持理性：如果相信大脑永远理性这一点，人就会陷入那种以点概面的古老谬论，即只要大脑稍微保持理性，我们就可以做出明确的判断，那么极其明智的逻辑脑更不会出现任何差错。但可惜的是，我们并没有想象中的那么聪明。正如亚里士多德所言，证明问题靠的往往不是逻辑，而是逻辑形式。任何事情本身都可以显得合乎逻辑。

逻辑脑没有时间彻查和校验收到的每一条信息，辨其真伪；相反，它更多地依靠经验来寻找某种模式，从而做出判断。例如，一个人曾经跟我说实话，那他现在告诉我的很有可能也是实话；如果一件事情听起来合乎逻辑，那它很有可能就是真实且正确的；如果一件事情听起来公正合理，那它很有可能就非常合理。

大家需要明确的一点是，这并不代表逻辑脑有些愚笨。逻辑脑本身并不愚笨。当我们心平气和、精神抖擞、全神贯注时，逻辑脑完全可以超常工作，非常理性地思考和处理问题。只不过，逻辑脑需要多久才能呈现这种状态？这才是问题的关键。

至此，我已经详细介绍了大脑的三大构成部分，即成功演讲的三大关键。本书将分为三部分来分别讨论赢得本能脑、情感脑和逻辑脑的方式。下面让我们来快速了解一下本书的框架。

赢得本能脑

本书第一部分将重点讲述领导者赢得本能脑的方式。如前所述，领导者在演讲中必须满足本能脑的两大首要需求：确保安全和寻求回报。

这就意味着领导者要像对待朋友而非敌人一样对待他人。人们会本能地决定他人的好坏，¹而这种判断几乎就在转瞬之间：普林斯顿大学做过相关的研究，其结果表明该过程仅需 1/10 秒，²而且不需要任何有意识的干预。

人人都喜欢宣称自己不随便批判他人，而且毫无偏见，但事实并非如此。生而为人，带有一定的偏见是本性，它可以保护我们免遭危险。大量研究都可以证明这一点。在此之前，你或许看过陪审团在证人还未开口发言时就能判断其可信度。这种例子比比皆是。你知道人们更倾向于相信那些面庞削瘦、有着棕色眼睛的人吗？³你知道人们更愿意相信那些娃娃脸的人吗？⁴你知道人们甚至更可能相信那些与他们本人十分相像的人吗？⁵曾有这样一项研究：实验对象需要依据候选人图片预测竞选成功的人。结果表明仅仅依据照片，其预测成功率就高达 70%。⁶

1.　Malcolm Gladwell (2006), *Blink: The Power of Thinking Without Thinking*, London: Penguin.

2.　该研究发现，人们只需 1/10 秒即可记住某人的脸部样貌。即使这个人往后频繁出现在人们视野中，人们也无法轻易改变对他的最初印象。
　　Janine Wills and Alexander Todorov (2005), First Impressions: Making Up Your Mind After a 100-Ms Exposure to a Face, *Pyschological Science*, Princeton University.

3.　研究人员分别采集了 40 名女性和 40 名男性的面孔，评估了人们对这些面孔的信任度。研究发现，眼睛的颜色对信任度有着重要影响。拥有棕色眼睛的人比拥有蓝色眼睛的人更容易获得人们的信任，这主要归因于棕色眼睛与脸型的组合，而不仅是眼睛的颜色。
　　Karel Kleisner, Lenka Priplatova, Peter Frost and Jaroslav Flegr (2013), *Trustworthy-Looking Face Meets Brown Eyes*, Public Library of Science.

4.　Ilfat Maoz (2012), The Face of the Enemy: The Effect of Press-reported Visual Information Regarding the Facial Features of Opponent Politicians on Support for Peace, *Political Communication*, 01/2014, 31 (1), pp. 149–67.

5.　本·琼斯和莉萨·德布鲁因依托英国格拉斯哥大学（University of Glasgow）的神经科学和心理学研究所（Institute of Neuroscience and Pyschology），成立了脸部研究实验室。他们进行了各种各样的实验，专门研究人们对脸部的偏好。

6.　这是一项基于州长竞选的对候选人面部外貌的研究。州长竞选是美国仅次于总统大选的重要选举。
　　Charles C. Ballew II and Alexander Todorov (2007), Predicting Political Elections from Rapid and Unreflective Face Judgements, *PNAS*, 2007, Vol. 104, No. 46.

这并不是随意做出的本能判断。真实情况是本能脑就像翻阅旧相册一样，对照存储记忆库快速检索图像，寻找彼此间的关联。如果你看起来像对方印象中的某位好人，那恭喜你通过了测试；但如果你看上去像某位坏人，那很遗憾，你被淘汰了。这个过程极其迅速，领导者必须顺利通关。

因此，领导者怎样才能稳胜过关呢？很显然，我们很难改变面容，但我们必须行动起来，尽力提高获胜概率。

首先，我们的自我感觉会影响他人对我们的感觉。如果我们焦虑不安，其他人也会跟着焦躁起来；如果我们感觉良好，其他人也会惬意满足。这一切都归因于镜像神经元（本章开头提及）。令我惊讶的是，有些领导者在演讲时心如死灰，却转头苛责听众无精打采。如果你想要振奋人心、活跃氛围，你起码要精神抖擞，自我兴奋起来。激情演讲或许可以赢得人心，但消沉演讲必将以失败收场。

其次，呼吸也是引导情绪的关键。别担心，我并不是要你一开始就学会瑜伽呼吸法，但你必须了解一个很简单的道理：大家对他人的呼吸方式都很敏感。领导者在演讲时应该深呼吸还是浅呼吸？我们通过呼吸向本能脑传达两个非常重要的信息：第一，这个人能否保持健康，胜任领导者？第二，所处的环境是否安全？

戴维·卡梅伦（David Cameron）在演讲时经常使用短促浅显的语句：平均每句话仅 13 个词。[1] 这比英国大多数重要政治家所说的话要简短。另外，有些政治家话语冗长，就像威廉·黑格（William Hague）的平均句长高达 40 个词，而戴维·卡梅伦的平均话语长度仅是其平均句长的 1/3。戴维·卡梅伦曾在演讲中谈到"家庭支离破碎"，聊起"学校衰败没落"，提及"贫民窟"等，

---

1. Simon Lancaster (2010), *Speechwriting, The Expert Guide*, London: Robert Hale.

语句简练有力，节奏快速，仿佛喘不上气，给人以强烈的压迫感。

究其根本，戴维·卡梅伦是运用了古罗马的一种修辞手法——散珠格。这种修辞手法的重点是使用简短语句。如果一个人说话急促且断断续续的，听众就会觉得他好像过于紧张，在不断换气调整。这表明说话人有些畏缩和恐惧。因此，如果你聚焦戴维·卡梅伦，询问大家对其演讲的感受，你就会发现很多人的反馈都是焦虑：他会让人浑身不自在。甚至有人评价他的演讲就像尖叫。因为他在演讲时，呼吸短促又频繁，所以才会给听众留下这种印象。事先声明，我并不是说这种呼吸方式是绝对错误的。一些领导者故意用短句来营造紧张气氛，在某些情况下，这种方法确实行之有效。

我们来研究下奥巴马的说话方式。奥巴马的呼吸很深，他可以一口气说出 140 个或以上单词，而且他说话流畅自如，语调又悦耳响亮，拥有别具一格的魅力。因此，就算他喋喋不休地讲个不停，很多人也不会太介意。我在广播中听过奥巴马谈起埃博拉这种致命病毒已悄然夺去数以千计人的生命。虽然他讲的内容令人恐惧，但他丝毫没有让我惶恐不安。我相信，无论世界面临多么严重的威胁，至少有一位尽责的人在不断引领着我们迈向光明的未来。这就是领导力语言。领导者心平气和，拥护者自然也平静自若。由此，领导者变得愈发自信，不断传播着正能量。

同样，微笑也至关重要。如果你听过名人演讲，如比尔·克林顿（Bill Clinton）、托尼·布莱尔、纳尔逊·曼德拉（Nelson Mandela）、理查德·布兰森（Richard Branson）、史蒂夫·乔布斯（Steve Jobs）等，你一定会注意到，他们常常咧嘴大笑。他们都是发自内心地开怀大笑，毫不矫揉造作。微笑实在是太简单了。很多领导者想要达成目标和赢得人心，都会选择这种捷径。但不少人总是愁容满面，无法迈出第一步。有谁想沾染悲伤，自甘沉沦呢？因此，你不能推销悲伤。当看到某人面带笑容，积极推销时，我们会本能地给出反应："我想要买！"

另一个赢得本能脑的方法就是使用隐喻。隐喻几乎无人谈及。商业沟通中存在很多准则：多用主动语态；每个句子至多表达一种观点；多使用简单词语，而非较长词语等。这些准则简单明了，易于实践。可是，在我看来，**如果你想拥有真正的权力，成为领导者，你还要知晓隐喻**。隐喻提供意象，让人难以忘怀。你只要洞悉隐喻的真正内涵，就会大彻大悟，铭记于心。

隐喻无处不在：从日常交流到新闻标题，再到书籍名称，如《眨眼之间》（*Blink*）、《引爆点》（*Tipping Point*）、《助推》（*Nudge*）等。我们平均一分钟会使用 6 个隐喻。[1] 隐喻的选择往往是决定辩论双方胜负的关键。研究表明，仅仅改变文本中的隐喻就会极大地影响人们对于不同问题的回答，比如"股票价格到底是跌是涨""当地政府应该采取何种措施应对犯罪"等。此外，因为人们压根意识不到自己常常使用隐喻，所以隐喻才会有如此强大的力量。

作为领导者，你必须理解隐喻的力量：你需要合理选用隐喻，以在演讲中赢得人心，同时避开不利因素，以免适得其反。

再举一个例子。很多领导者在演讲时常常运用汽车隐喻，比如"推动变革""开足马力"等。这些隐喻在商界和公共服务领域应用广泛，也深受管理咨询公司的喜爱。领导者发现运用汽车隐喻会更加吸引人心。毕竟，如果将公司比作汽车，他们就是司机，负责前行和控制方向。这种感觉令人满足。因

---

1. 出自詹姆斯·吉里的《譬喻演讲》，2015 年 2 月 5 日参照。然而，专家们仍对隐喻的构成各执己见。毕竟，隐喻可以浸入我们的语言，成为日常用语。例如，我们常常提及的"眉峰"或"喜马拉雅山麓（foothills）"等词都构成隐喻吗？一些人认为它们就只是词语，不掺杂任何隐喻。可是，于我而言，这些词的确暗含了拟人意象——山变成了人，因此，这些都应该被视为隐喻。那么，像"宣传"（propaganda）这类词呢？"propaganda"一词源于一种隐喻思想：撒播种子。"宣传"一词就是传播和推广这些思想，任它们生根发芽，肆意成长。不管怎样，重要的是，隐喻远比人们想象中的更加常见。

此，如果他们希望公司继续运作，不断前进，他们就需要点火，紧踩油门，然后让汽车风驰电掣地向前驶去。这正是领导者热衷于此类隐喻的原因：他们总是期望自己无所不能、不可或缺，而此类隐喻恰恰强化了这种自我形象。

但对观众而言，这种隐喻实在令人震惊，因为如果领导者是司机、领导者所在组织是汽车的话，组织员工就是汽车的各个零件。组织员工不再需要开拓创新，只需要全心全意地履行职责，仅此而已。一旦他们无法履行职责，毫无疑问，他们会被立即卸下并抛弃处理。因此，在演讲时，领导者运用汽车隐喻可能会让自己备感强大，却会让观众沮丧不安。当然，在调查期间，人们从不会直接表明"我不喜欢这些隐喻"，但他们会隐晦地回应：这些隐喻已在潜移默化中扎根脑海，让他们沮丧、失望。他们会讽刺地低喃："然后全速前进！"他们会说他们感觉惨遭"碾磨"……这句话多么刺耳，但如果他们的本能脑将自己设想成汽车的组成部分，这也就不足为奇了。毕竟，车辆零件的结局又能如何？——磨损殆尽罢了。

领导力语言引导我们远离此类隐喻，转而选择更加自然且永恒的隐喻。隐喻的评估方法是思考这种隐喻在 3 万年前是否奏效。若答案是肯定的，那此时此刻，它很有可能也能帮助我们赢得本能脑的认可。因此，尽量选择那些关于人、食物、气候和自然的隐喻吧。

关于人的隐喻可以培养亲密感，增加喜爱度。当我们在拟人隐喻框架中使用与动作相关的语言（如"伸手""抓住诀窍""开始行动"等），功能核磁共振成像扫描仪显示，部分大脑会兴奋起来。这部分大脑如果独立执行那些动作，就得以激活。因此，领导者可以将公司作拟人隐喻，这样他们就能与员工达成某种关系，彼此影响……这就是领导力语言。这才是领导者走入人心的真正之道——货真价实地赢得人心！

这一切相当奇妙，对吧？我保证赢得本能脑的方法远不止这些，我会在后续章节中详细介绍。接下来，一起来了解一下情感迸发的缘由吧。

赢得情感脑

情感脑就好比一家大型药店，里面陈列着一桶桶皮质醇、血清素、催产素和多巴胺。我们不顾一切地闯入，陶醉在这些化学物质带给我们的强烈情感中难以自拔（见图 I.2）。人们会花大量时间来追求这些化学物质带来的情绪快感，无论通过看电影，还是浏览社交媒体平台，抑或坐过山车等。**伟大的领导者知道如何激发大脑分泌这些物质，促使人们如其所愿，产生相应的情感。**我在引言中提到过前伦敦市长的演讲技巧，但技巧因人而异。每位领导者都有其独特的演讲技巧。我将在本书第二部分中对此展开详细探讨。

图 I.2　药店

重复是一种激发情感波动的方法。它是古罗马的一种修辞手法，原指首语重复法。历史上很多著名演讲都集中运用了首语重复法[1]，如丘吉尔的"我们将在海滩上战斗"，马丁·路德·金（Martin Luther King）的"我有一个梦想"等。重复可以带来非凡的效果，其反复句式、情感张力和果断预言可以让人们情绪高涨。

领导者还可以在演讲中通过赞美带动观众情绪。赞美促使大脑分泌血清素，让人们心生安宁，备感自信。众所周知，镇静自信的人往往比焦虑暴躁的人表现得更好。这通常是个好消息。可是，为什么那么多领导者认为蛮横霸道、唯我独尊才是正解？这谁又知道呢？赞美会促使人们表现出色，它不仅对接受方有益，而且可以让给予方心情舒畅、感觉良好。研究表明，人在发出赞美和接受赞美时，大脑中的血清素水平都会持续上升。这让双方彼此团结，让双方共创一个安全舒适、互帮互助的环境，让身处这个环境中的人们都安心惬意、开心愉悦。

另外，讲经典故事也是带动情绪的有效途径。如果一个人能声情并茂地讲好一个故事，这就会促使大脑分泌出三种不同的激素。我们在讲述主人公的感受和个性时，大脑会分泌出催产素——一种让人产生亲密感的激素。它让我们透过主人公视角看待崭新的世界。随着情节推进，主人公会身处艰难困境（每个故事都会在高潮设计困境，等待主人公解决矛盾），这时，大脑会分泌皮质醇，让人感到有压力和恐惧。故事接近尾声时，大脑就会分泌多巴胺，奖励主人公顺利通关。这样看来，当一切情节突然彼此串联，融合发展时，我们便感到了无比满足。

---

1. 首语重复法是英语中一种常见的修辞手法，指同一单词、词组或句子在数个连续的句子中反复出现。

有人做过一项研究：一群人观看了一个小动画故事，故事讲的是一个小男孩身患癌症，只能生存几个月，他和他父亲是如何共渡这个难关的。动画播放结束后，研究人员希望观众慷慨解囊，捐款帮助这对父子。观众们的慷慨程度与其大脑中皮质醇及催产素的分泌量成正比。没有分泌皮质醇或催产素的观众没有捐钱；分泌少量皮质醇或催产素的观众捐了少量钱；那些分泌较多皮质醇或催产素的观众捐了更多钱。因此，如果领导者希望改变观众的态度和行为，就必须刺激观众的大脑分泌这些化学物质。[1]

伟大的领导者通常都很擅长讲故事。故事可以让原本平凡的事变得崇高。我们可以讲历史故事，比如，你在演讲中快速提及甘地或纳尔逊·曼德拉的伟大事迹可以激发观众的各种情绪。当然，讲个人经历也没问题。这些都不是重点。在领导力语言中，真正重要的是我们如何让人们真切感受故事，从而带动他们的情绪。

我认为情感讲得足够详细了。接下来，让我们步入下一个话题：如何赢得逻辑脑？

赢得逻辑脑

本书第三部分将聚焦逻辑脑，集中探讨取胜之道。正如我所言，这并不是单纯地建立逻辑，或者确保演讲策略正确无误（假设你已经准备就绪）。我关心的是语言，确保你所说的话听起来合乎逻辑、没有纰漏。

神经科学家表示，当我们听人讲话时，话语会分别进入大脑的两个部分：

---

1. Dr William Casebeer and Dr Paul Zac, *Empathy, Neurochemistry and the Dramatic Arc*. Accessed 5/2/2015.

一部分分析话语含义，另一部分分析是否悦耳。[1]因此，对于领导者而言，仅仅确保所言内容无实质性错误是不够的，还必须关注语言风格；仅仅注重话语含义是不够的，还必须关注风格音调；仅仅强化逻辑推理是不够的，还必须关注演讲节奏。

就是如此。上一段的最后一句话看起来确实不错，对吧？究其原因，这个句子共运用了领导力语言的三种技巧，即头韵、平衡和黄金"三"法则。这些技巧在现代交际中起着关键作用，但这一切都可以追溯到古代修辞。

有一天，我去我妻子露西的叔叔家吃饭。露西的叔叔是一位古典主义者。他知道我是演讲撰稿人后，对我很感兴趣，于是问我："哦，你会使用三行平行结构吗？"我当时完全没理解他在说什么。起初，我以为他在试探我的领悟力。后来，他又解释道："三行平行结构是古罗马的一种修辞手法，也叫黄金'三'法则。当我们用三个字、三个词或三句话来阐述论点时，这种结构可以让人产生错觉，觉得论点既完整正确又令人信服。"

这听起来可能有些荒唐可笑，但他接着给我举了几个完整实例，如电影中的《善恶丑》（又名《黄金三镖客》）、"耻辱啊，耻辱，他们通通给我了"，广告领域的"一天一颗金星巧克力，保你工作、休息、娱乐随心意""豆汁，就在，亨氏""快！裂！砰！"等。听后，我简直大受震惊。句型那么简单，句子却掷地有声。这种结构必须成三出现，缺少任何一个，论证就会缺少震慑力和冲击力。另外，如果再多一个，整个结构就会过犹不及、失去平衡、过于夸张，甚至有些令人抓狂。

情况就是如此。我似乎发现了英语语言的最大秘密。这不仅是一个理论

---

1. Ian Sample, 'Brain scan sheds light on secrets of speech', *The Guardian*, 3 February 2004. Accessed 5/2/2014.

或遗留下的某些古代修辞手法，众所周知，这对整个结构都大有用途。2014年，乔治敦大学（Georgetown University）和加利福尼亚大学（University of California）的研究者针对黄金"三"法则做过一项研究。他们比较了成三结构清单和成四结构清单在不同的说服情景中的效果。[1] 在每种情景中，成三结构清单都比成四结构清单效果更佳。因此，我们应该形容产品为"更快、更好、更便宜"，而非"更快、更好、更便宜、更美观"。如果你对这篇研究感兴趣，请自行搜索，它非常值得一读。该研究的标题为"成三是魅力，成四要警惕"（Three Charms, Four Alarms）。

"什么？！"我听到你大声喊道，"这些研究者告诉每个人运用黄金'三'法则，但他们自己定标题时还是忽略了黄金'三'法则？"确实如此。但是，他们使用这个标准绝非毫无道理。其他研究表明，与毫无韵律相比，人们更愿意相信那些具有节奏韵律的话语。这有点疯狂，对吧？属实疯狂，却真实无疑。因此……"快韵律省时省力""要想庄重大气，试着加上韵律"，再或者"韵律？惊奇！"。

自古以来，韵律就很容易带来信服。很多古代格言都能体现这一点。这就是威廉·莎士比亚谈及"韵律与理性"的原因：这两者非常容易混淆。人们总是认为韵律象征真理，但仅凭押韵就证明某个论述正确无误是毫无根据和说服力的。然而事实上，韵律对掩饰谬误非常有效。一天吃一个苹果并没有让医生彻底远离我（An apple a day doesn't really keep the doctor away）。如果该说法真实有效，那我们将在医疗服务上省下一大笔钱。再者，英语中有一个非常有名的拼写规则——"字母 i 在 e 前"规则，即"一般情况下，字母 i 在 e 前面；

---

1. Suzanne B. Shut and Kurt A. Carlson (2013), When Three Charms but Four Alarms: Identifying the Optimal Number of Claims in Persuasion Settings, Social Science Research Network. Accessed 5/2/2015.

只有当 i 前面是 c 时，i 在 e 后面"。虽然这条规则简直是胡说八道，但从小学二年级起，拿笔写字的孩子就一直被灌输着这种观点。

艾伦·约翰逊还担任英国教育大臣时，我曾经为他撰写演讲稿。我们还在教育部门工作时，正式的指导文件就已经下发至英格兰和威尔士的 2.4 万所学校，要求学校立即停止教授上述拼写规则。原因很简单，它确实有误。这条规则不具备普遍使用性：它仅适用于大约 50 个词，却对另外大约 900 个词毫不适用。但是，即使这种韵律有些古老（ancient）、略显不足（deficient），且毫无科学依据（science），但它依然存在（看见这 3 个单词了吗？它们就是规则不适用的例子）。

很多人会说："确实，一些人可能对韵律毫无抵抗之力，但这对我毫无作用。韵律在我的工作中毫无发挥余地。"大家都爱这么说。研究发现亦是如此：那些折服于韵律的人也极力否认韵律对其生活产生了影响。没人能聪明绝顶到不受韵律的蒙骗。请不要忘记我在前面列举的例子——"成三是魅力，成四要警惕"。这是乔治敦大学和加利福尼亚大学的研究者共同研究得出的结论。韵律不是用于欺骗的，它只是用于确保风格与内容的一致性。我在第一间领导力语言工作坊中解释过这件事情。当时，一位商业银行的朋友说："哦，没错！就像这句'你必须通过投机来累积'。""就是这样！"我答道。也许整个金融危机都建立于押韵的谬论之上。相反，要是人们坚持认为"投机导致倒闭"，我们或许可以避免危机。

领导力语言不仅关注语句的读音，还非常注重语句的结构。如果你是电视剧《白宫风云》（*The West Wing*）的粉丝，你可能记得其中一集的标题采用了拉丁语，叫"发生其后，必其所致"（Post Hoc, Ergo Propter Hoc）。这个相当花哨的拉丁术语意为"发生在那件事之后，故必然因那件事而来"。这个解释本身就存在谬误：当两个语句并列放置时，人们就会认为这两个语句存在因果关系。

几天前，我坐在伦敦威斯敏斯特的蓝野猪（Blue Boar）酒吧里。当时，某党派主席格兰特·沙普斯（Grant Shapps）就坐在我的邻桌，正在同一些记者交谈。我便忍不住偷听起来。当时他说："我们削减了警方和地方当局的开支，民众对这些机构越发满意。"这句话说得特别有智慧。虽然没有断定，但他在话里向记者暗示了削减开支与民众满意度提升存在因果关系。沙普斯同时说明这两件事，听众就会得出上述结论。"发生其后，必其所致"就是不正面断言，通过暗示相关性获取他人信任的良好方式。它适用于任何情形，比如"我们解散了人力资源团队，利润上涨了 80%"。

人们一直对"发生其后，必其所致"这句话深信不疑。我年轻时常常去健身房运动。我记得有一次，一位比较成功的业余拳击手曾告诉我，他听说某知名拳击手每次比赛前都会用马尿泡手。因此，他就借鉴了这种技巧。"发生其后，必其所致。"虽然我个人认为，这位知名拳击手大获成功还要归因于其他重要因素，但我不会当着他的面说明。毕竟，他的身材比我强壮多了。

领导力语言

> 大多数现代交际始于逻辑，止于逻辑，也败于逻辑。

领导者必须在演讲中赢得本能脑、情感脑和逻辑脑。至于该怎么做，这就是领导力语言彻底颠覆现代交际的地方。大多数现代交际始于逻辑，止于逻辑，也败于逻辑。大脑遵循本能工作，而领导力语言正始于本能。

从根本上讲，我们人类靠本能生活。举个典型例子，我们购物、驾驶、走路的方式等，无不依靠本能。大多数时候，我们没有思考过所做之事，往往根据习惯、惯例和冲动行事。本能脑就像受到《格林童话》里的吹笛人操控一样：笛声一响，身体就会自动跟随而去。我们受本能引导行事。这是事实，不只针对日常琐事，也针对生活中很多最为关键的决定，比如与谁结婚、与谁成为挚友、在哪里生活、在哪里工作等。"我们一见如故。""刚走进这间房子，直觉就告诉我，这就是我们的梦中情房。""感觉没问题……"这些表达都表明本能脑在思维活动中占据着首要地位。我们并不是率先依据逻辑行事的。我们为人处世始于本能。事实上，大多数时候，我们只会用逻辑脑去架构一个相对合适、看似符合逻辑的说法来支持早先做出的本能判断。因此，我们可能先本能地喜欢某个房子的外观，然后再形成逻辑思维来理性思考，以证明这就是我们要买的房子。我们会选择性地吸收任何学校、设施和犯罪率的相关信息来支持本能的想法，同时忽略那些可能自证错误的信息。

这正是领导力语言始于本能的原因——大脑率先依靠本能活动。神经科学家用一个专业模型——A. P. E. T. 模型（见图 I.3）来证实这一原因。[1] 我会简

> 领导力语言始于本能——因为大脑率先依靠本能活动。

化介绍该过程，就像我会在本书中简化阐明很多复杂难懂的神经科学知识（如

---

1. 最近，大量研究表明，本能脑至关重要。诺贝尔经济学奖获得者丹尼尔·卡尼曼（Daniel Kahneman）一直处于该领域的研究前沿。我强烈推荐他在 2011 年出版的著作《思考，快与慢》（*Thinking Fast and Slow*），该书由圣艾夫斯的艾伦·莱恩出版社发行。另外，我同样推荐乔纳森·海特的《正义之心：为什么人们总是坚持"我对你错"》（*The Righteous Mind: Why Good People are Divided by Politics and Religion*）。该书于 2012 年出版，列举了很多有趣的案例说明本能脑的欺骗过程。A.P.E.T. 模型表明了本能脑的优先运作模式，其顺序如下。
   （1）A——激活剂，即一些描述性刺激。
   （2）P——模式，即本能脑判断是好是坏。
   （3）E——情感，即触发基本情感反应，随后刺激大脑分泌激素（如有）。
   （4）T——思想，即认知过程，大脑开始活跃思考，做出合适的情感反应。

果我详细解释一切专业知识，估计你会觉得枯燥烦琐）。该模型表明外部刺激会依照下列顺序传达至大脑各部分：本能脑→情感脑→逻辑脑。

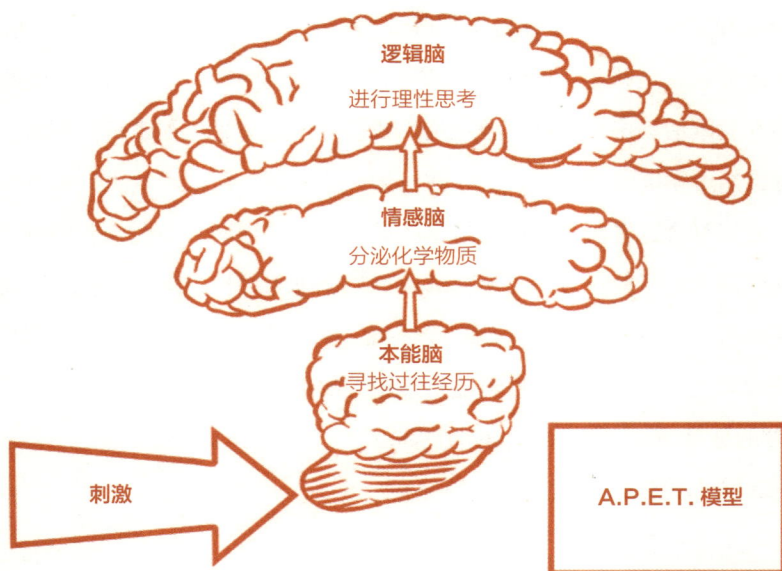

图 1.3　A.P.E.T. 模型

那么，大脑实际是如何运作的呢？比如，你正在街上行走，有人朝你走来并伸手，大概想跟你握手。首先，你的本能脑会寻找并依据过往经历处理这种情形，迅速判断出当前情形是否安全。随后，情感脑会分泌化学物质来做出反应：如果你感到害怕，它就会分泌皮质醇；如果你想要握手，它就会分泌催产素。最后，逻辑脑促使你行动，并进行理性思考以决定你是否要停下来与其交谈。

无论谁遇到这种情形，大脑活动基本都是如此。只是，最终行动因人而异。不同大脑会激发不同反应。当路上有人礼貌示好时，一些人可能相当高兴，也有一些人可能以为对方要抢劫，所以会惊慌害怕。这主要取决于个人的生活经历。

这是我们在街上不期而遇时的大脑活动过程。当有人向我们初次介绍某位领导者时，我们的大脑也会经历同样过程。事实上，大多数领导者不合眼缘，一开始就败北了。他们不是忐忑不安，就是面露难色，再就是漠不关心。要是有人一开始就摆出一副领导架子，这反而会给观众造成威胁，激发观众的负面情绪。问问你的朋友和家人，他们在生活中对领导者的评价。不出 30 秒，你就会听到他们坦露沮丧、失望、愤怒等心声。

领导力语言会颠覆这一局面。但这一切的前提是，领导者要逐步赢得本能脑、情感脑和逻辑脑。图 I.4 列出了赢得本能脑、情感脑和逻辑脑的一系列技巧。

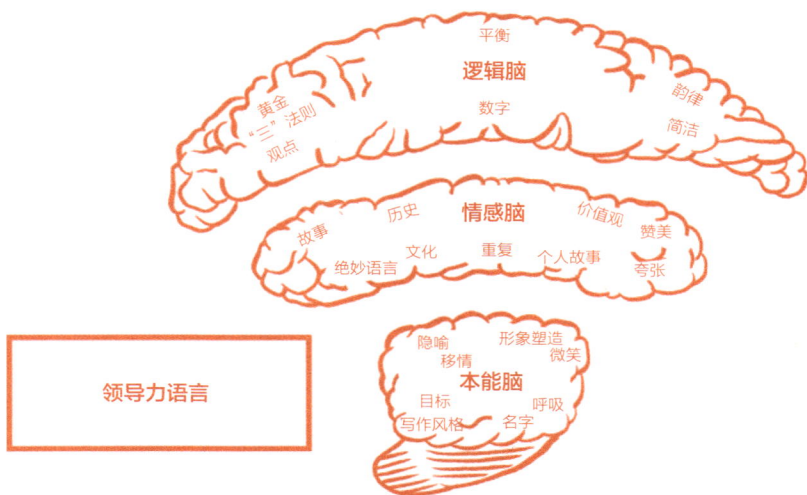

图 I.4 领导力语言

如果你能理解图 I.4 中列出的部分技巧，而非其他未说明技巧，我会非常高兴。因此，为了快速演示领导力语言模型的强大威力，我会使用图中技巧，搭建沟通桥梁，向你展示这些技巧的实践与应用方式。这并非表示沟通应该非常刻板、公式化，我只是希望说明沟通始于本能并向上递进这一套模式的有效性。

序列一：处理棘手难题

我们该如何在沟通中处理棘手难题？那就是"同理心—价值观—平衡"（见图 I.5）。

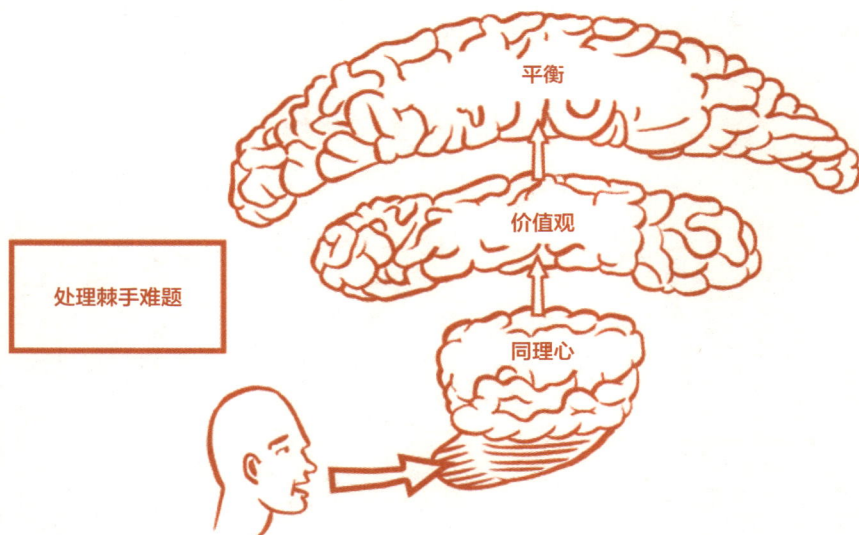

图 I.5　处理棘手难题

让我们在具体情景中应用这套流程：在英国广播公司的"问题时间"访

谈节目中，一位女士愤怒登台，控诉其丈夫在英国国家医疗服务体系（NHS）中遭受了一些不公正的待遇，而政治家需要对此做出回应。政治家的应对流程如下。

同理心——我非常理解你生气的原因。

价值观——但是我们都希望国家医疗服务体系可以尽善尽美。

平衡——这也是我们承诺国家医疗服务体系的支出要与政府支出相匹配，同时每年提高 5% 的原因。

此番表述不错。请看下一个情景应用：首席执行官宣布冻结工资后，员工愤怒情绪与日俱增。首席执行官回应如下。

同理心——我知道大家希望加薪。如果这一切由我独立负责，我一定会给大家加薪，因为你们值得。

价值观——但目前公司处于艰难时期。我们不能入不敷出，往里倒贴。这会让公司陷入危机。

平衡——我知道这很艰难，但我们必须这么做。

这只是一种交流阶梯。我们还可以尝试通过其他交流阶梯进行沟通。

对于会议演讲的开场白，使用"幽默—故事—简洁"这个模式如何（见图 I.6）？

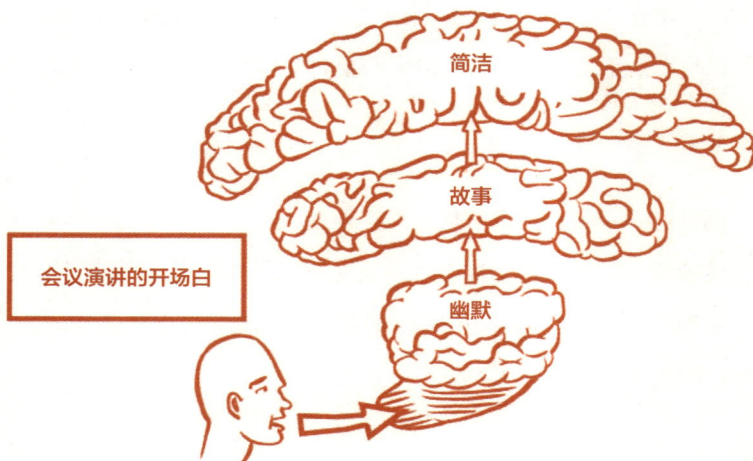

图 I.6　会议演讲的开场白

要做一场鼓舞人心的演讲，"目标—价值观—黄金'三'法则"这个模式
会不会恰到好处（见图 I.7）？

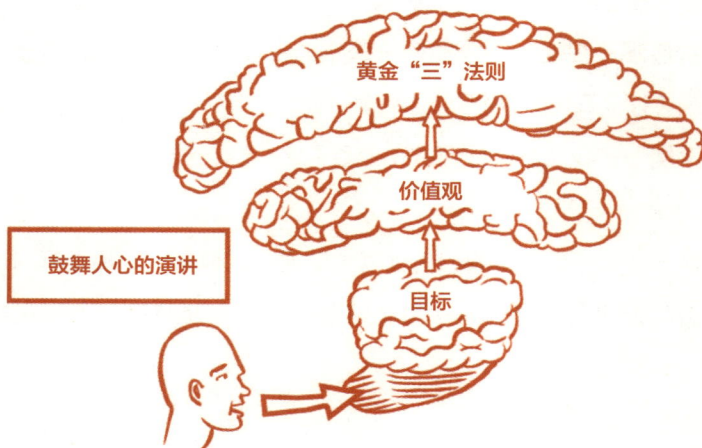

图 I.7　鼓舞人心的演讲

要举办大型产品发布会，"呼吸急促—夸张—数字"这个模式如何（见图Ⅰ.8）？

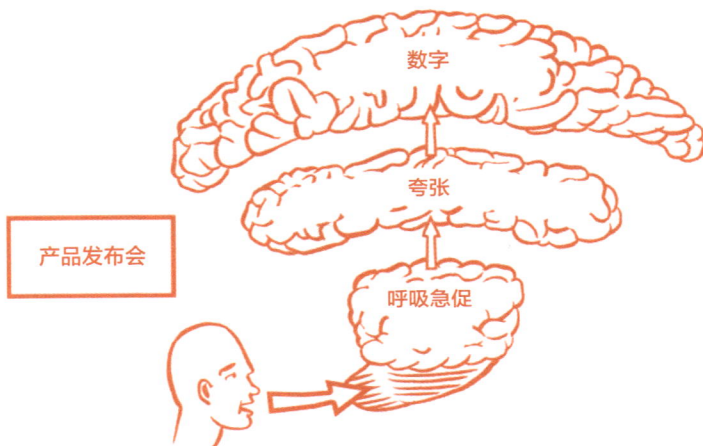

图Ⅰ.8　产品发布会

沟通的途径不计其数，具有无限可能。最重要的是，你要在试图依靠逻辑交流前，就赢得本能脑和情感脑。可是，很多领导者往往忽略了这件事，因此彻底败北。要赢得全面彻底，而非仅仅聚焦某一部分——这正是那些懂得领导力语言的领导者的优势所在。

序列二：做有说服力的演讲

来吧，让我们树立更高的目标。尝试依次应用6种技巧来运作两种交流阶梯（见图Ⅰ.9）。看看我们能否利用这套公式进行一场快速、有力又独立的演讲。

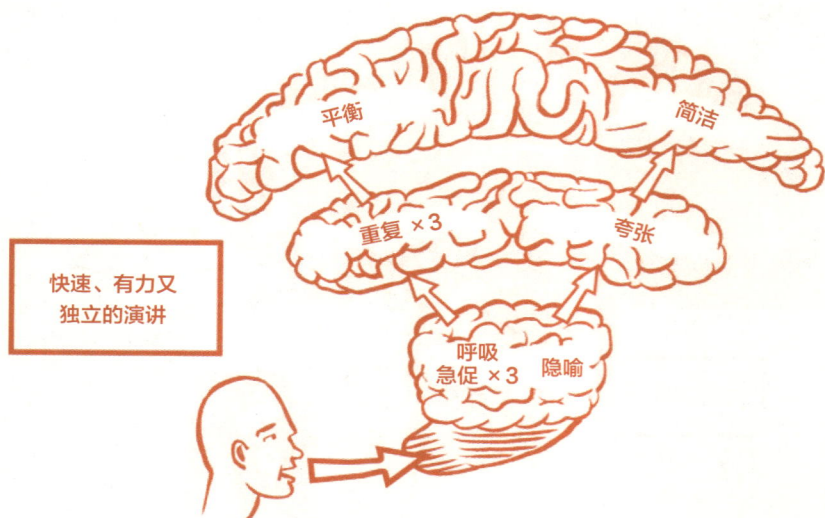

图 I.9　快速、有力又独立的演讲

第一，呼吸急促。使用短促有力、长短不一的语句，就像戴维·卡梅伦一样。完全靠本能说话，传递危险的信息。

第二，重复。重复可以表现情绪，展示演讲热情和信念。

第三，平衡。这表示我们的观点并非疯狂至极，而是讲求实际平衡；并非空穴来风，而是经过深思熟虑；并非愚蠢可笑，而是遵循逻辑。

第四，隐喻。我们播下思想的种子，但不能放任其恣意生长。毕竟，我们还要为其他技巧预留出发挥空间。

第五，夸张。这是其中的最佳技巧。它可以让人们神魂颠倒、深信不疑，简直屡试不爽。

第六，简洁。简洁明了地结束演讲，就是如此。

我们来依次试试这两种交流阶梯。具体情景为：证明没有人会讨厌坚果

（除非过敏）。喜欢坚果的理由如下。

> 腰果、开心果、榛子。
> 厚层巧克力甜点上往往会撒满坚果来点缀。
> 圣诞时分，在火炉旁品尝坚果，感觉非常美味。
> 坚果很适合在观看电影时食用。
> 我不仅喜欢坚果的味道，还喜欢整个品尝的过程……
> 每次品尝坚果，都会让我情绪高涨！
> 坚果让我浑身酥麻。
> 因此，不要讨厌坚果，开吃。

以上论述相当有效：整个故事完整自然，可以依次吸引本能脑、情感脑和逻辑脑，从而说服大众爱上坚果。但是，我们同样可以运用同一交流阶梯来论证对立观点。讨厌坚果的理由如下。

> 高油、高脂、高盐。
> 坚果不益于身体健康。
> 坚果是国家医疗服务体系的重点管控食品。
> 坚果不利于社会发展。
> 坚果体积小，但危害大。
> 坚果是沉默的杀手，潜伏在社会阴影下，准备随时出手。
> 最初，我们只想浅尝一个，但一个接一个地将其塞入口中……直到脸颊鼓起，满口坚果。
> 因此，坚决不碰坚果。

显然，这套公式适用于像"是否品尝坚果"这种琐碎的问题。接下来，我们看看这套公式在大型问题中的应用，比如气候变化等重大问题。毕竟，我们需要采取行动来应对气候变化。

我们的立场是呼吁全球携手共进，采取行动，应对气候变化。我们要说明世界并未充分应对气候变化。

伦敦洪涝、非洲干旱、纽约怪异暴风雪……

然而，仍有人坚持认为世界压根不存在气候变化。

目前，科学家一直尽心竭力，应对气候变化，但仍有一些人试图抹黑他们。

仍有一些人鼓吹照常贸易。

气候变化威胁世界。它并非遥不可及，而是近在咫尺。

我们无法逃避现实。

气候变化是目前人类面临的最大威胁。如果我们不去阻止，其他物种更无能为力。现在是采取行动的最佳时机。

让我们采取行动，维护我们赖以生存的家园！

同样，我们试着运用同一交流阶梯来论述对立观点：世界已经在应对气候变化方面掌握了主动权。

产生了新型环保税；开拓了全新碳市场；大规模投资再生能源。

世界各国都认为气候变化正在发生。

世界各国都承认气候变化因人而起。

世界各国已携手共进，齐心合力共同应对气候变化。

　　我们同心协力，赞扬已取得的丰功伟绩，而非批判和抱怨未达成的目标。

　　我们都知道前路漫漫。

　　但是，如果我们用力过猛，应对过快，世界将会迎来共识危机。

　　到时候，世界将毁于一旦。

　　以上都是说明性示例，沟通阶梯远不止这些。赢得本能脑才是关键起点。因此，我将带领大家更加详细地了解本能脑这一有趣的部分。

第一部分

赢得本能脑

——给人们带来安全感

导读

逻辑脑

情感脑

本能脑

隐喻　　形象塑造
移情　　微笑
目标　　呼吸
写作风格　名字

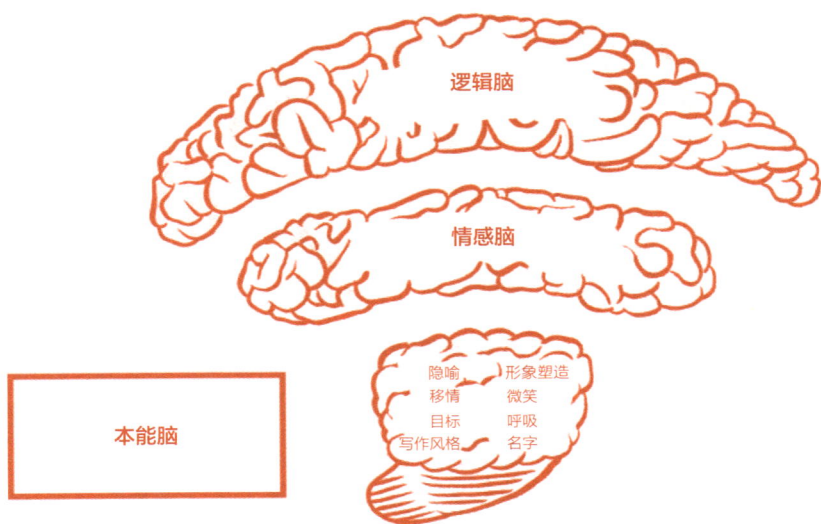

"我不会对本能下任何定义。"

——《物种起源》，查尔斯·达尔文

"本能引导行动，智慧紧随其后。"

——威廉·詹姆斯，1902 年

本能脑即生存系统

设想一下……你赤裸着身躯，行走在山峰之巅。湿润的草地尽在脚下，轻柔的山风在耳边作响。山峰下，溪流潺潺，不断撞击山石发出声响。看到此番景象，你欣然而笑。根据你的经验，每年这个时候，山谷森林都会结满果实。尽管你已步行数千米，但你越接近森林，精神便越发抖擞。成熟的黑莓和清澈的溪水渐渐映入脑海。突然，森林中传来一声响。树枝咔嚓一声折断并掉落。你吓得一动不动。这时，一只野兽蹿出森林，眼睛巨大，牙齿外露。它朝你飞奔而来。你该如何是好？

500 万年前，世界就是这般模样。人类靠狩猎为生，每天都在为了生存而战。因此，本能脑应运而生，帮助人类应对整个世界的危险。

本能脑共有两条最高指令：危险最小化和回报最大化。[1]毫无疑问，我们会本能地行动，来服从这两条指令。当危险来临时，我们会积极主动地应对：大脑会分泌大量皮质醇和肾上腺素，让我们集中注意力，提升战斗力。当有可能获得回报时，我们会主动争取：大脑会分泌越来越多的多巴胺，吸引我们不断接近回报。

500 万年前，本能脑就精心形成了种种生存规则，帮助本能领导者带领人

---

1. Evian Gordon (2000), *Integrative Neuroscience: Bringing Together Biological, Psychological and Clinical Models of the Human Brain*, Ohio: CRC Press.

们应对世界上的危险。问题是，尽管世界早已更迭变换，超乎认知，但本能脑还基本如一。

　　无论时间如何变换，当今的伟大领导者就算穿梭到 500 万年前，依然能够胜任领导者，带领人们取得丰功伟绩。他们不断满足本能脑的需求，尽可能地降低危险、确保安全，最大限度地争取回报、赢得效益。让我们来深入了解一番。

领导者承诺安全

　　人们只需 1/10 秒，就能决定是否信任某位领导者。本能脑会开放其内部的闭路电视监测系统，用摄像头快速、

人们只需 1/10 秒，就能决定是否信任某位领导者。

全面地扫视某人，并重点检查嘴巴与眉毛间约 2.5 英寸[1]的区域。大脑中存在一个特殊区域专门用于脸部识别。此区域极其擅长解读其接收的一切信息，并理解来龙去脉。此外，本能脑功能强大、成就惊人：它能看到肉眼无法观察到的东西。

例如，本能脑能分辨真实的微笑与虚假的强笑。科学研究显示，真实的微笑需要牵动 10 多块肌肉来实现，而我们压根无法有意识地识别并控制这些肌肉。但是，本能脑可以立即发现颧大肌与眼轮匝肌的收缩，从而为你判断人物的安全性提供依据。

同样，眼睛也具有这种功能。正如威廉·莎士比亚所言，眼睛是心灵的窗户。本能脑能透过事物表面，看到其中的非同寻常之处。当有人心怀鬼胎时，眼睛也会出卖他们，这有助于人们避开那些可能构成威胁的领导者。因此，对于那些脾性暴躁的领导者来说，这会是一大风险项。伟大的领导者都必须避免这种情况发生。

我曾经与一位领导者共事一段时间，他的工作方式简单明了：如果开展某个工作可能引发争执，他不会选择召开"面对面"会议，而会选择"边走边聊"。他会把人约到附近的肯辛顿花园（Kensington Gardens），一边散步放松，一边交谈工作。这样，交谈双方就不会感觉"被盯着"。当然，这样做还有其他积极作用：运动时，内啡肽会在人体内不停地流动。体外的肢体行动推动了体内活动的进程。这既是单赢，也是双赢，更是共赢。

电视剧《白宫风云》中出现过边走边聊的桥段。由此，这种技巧闻名于世，得到了人们的广泛应用。史蒂夫·乔布斯就曾在现实生活中利用这种技巧行事。福克斯（Fox）公司的首席执行官吉姆·贾诺普洛斯（Jim Gianopulos）

---

1. 1 英寸约为 2.54 厘米。

说过，苹果公司不断寻求全新的商业模式，希望在 iTunes 音乐软件上销售电影，但双方的谈判陷入僵局。贾诺普洛斯便去了度假岛消磨时间，并拒绝接听任何电话。最终，乔布斯主动发邮件联系他，并亲自登岛拜访，然后他们一起去海滩散步，畅谈工作。最终，双方达成共识，签署了一份有关 iTunes 音乐软件的惊人协议。他们二人也成了挚友。

伟大的领导者往往礼貌而谦逊，从不叨扰他人。他们不会恐吓或威胁，反而会热情拥抱他人。他们不会恃强凌弱，而会努力创造温暖和谐、热情洋溢的相处环境。领导者会热情地挥手，并积极地说："快进来，加入我们，感受团队的温馨和快乐。"这画面别提有多令人着迷了。这样一来，人们会积极踊跃地加入团队。人们向来喜好群居，这可以追溯到远古文明时期。无论在非洲大草原上，还是在亚马孙雨林里，人类常常组成 50 ~ 100 人的群体共同生活。那么为什么要群居生活呢？原因很简单：为了安全。露西和我在塞伦盖蒂平原露营过。当时，我们晚上睡在帐篷里，与狮子仅隔一层帐篷帆布；但由于帐篷体积够大，我们感觉很安全。因为帐篷群比狮群大得多，所以狮子也不敢轻举妄动。本能脑知道，帐篷可以确保安全。这源于一种强大的吸引力。人们需要获得归属感，就如同需要食物和氧气一般，这些都是我们赖以生存的基本因素。[1] 对归属感的需求也是我们加入一个群体后，千方百计地待下去的原因，而领导者可以决定成员的去留。群体的利益往往高于一切：没有"你""我"之分，只有"我们"之利。

领导者承诺回报

出于本能，人们倾向于跟随那些承诺回报的领导者。我们不是要找出谁

1.　Richard Restak（2009），The Naked Brain，New York：Three Rivers Press，p.216.

的钱包里有一大沓钱，而是要找到那个拥有未知可能性的特别人选。这个人要具有以下特征：双眼炯炯有神，具有奇特品质和个人魅力。可以用一个词语来概括这些特征的本质——有目标。人们愿意靠近那些心怀目标的领导者。本能脑之所以引导我们靠近此类领导者，是为了生存。明确点讲，人有了目标，就会推动社会发展，维护主权，从而确保生存。

当我们跟有抱负的人相处时，大脑会经历两大活动。第一，激活镜像神经元。加州大学洛杉矶分校的神经科学家丹·西格尔（Dan Siegel）表示，只有看到别人带着目标行事时，我们的大脑才会激活镜像神经元。[1] 由此可以证明，镜像神经元对于领导者塑造群体行为至关重要：让人们模仿行事。美国哲学家埃里克·霍弗（Eric Hoffer）曾说："当人们可以自由地做他们喜欢的事时，往往会互相模仿。"[2] 模仿是人与生俱来的特质，不需要刻意学习。一项研究表明，婴儿出生仅 41 分钟时，就会模仿妈妈吐舌头。[3] 因此，模仿是人类的本能。

伟大的领导者很清楚，要想创造一个热情、尽责、高效的员工团队，他们就需要承担起领导责任，以身作则、满腔热忱、尽职尽责、高效工作。同样，他们对责任了如指掌。他们应该引导他人的行为，这种行为并不会独立变化。不知你是否想过，为什么人们要冲披头士乐队（The Beatles）尖叫？因为披头士乐队成员在朝他们尖叫，所以他们也会以尖叫回应。这就是镜像神经元活跃带来的结果。

另外，大脑还会分泌多巴胺，吸引人们拥护那些有远大目标的领导者。

1. Sandra Blakeslee, Cells that Read Minds. Accessed 3/2/2015.

2. Eric Hoffer (2006), *The Passionate State of Mind: And Other Aphorisms*, Titusville, NJ: Hopewell Publications.

3. David Brooks (2011), *The Social Animal*, Suffolk: Short Books.

伟大的领导者都心怀壮志，他们会跟人们明确地坦露心声，彰显蓝图。这样一来，大脑的奖励系统便得以激活。随着目标一步步实现，大脑会不断分泌多巴胺。蓝图越清晰，多巴胺含量越高；但如果蓝图一片模糊、失焦或虚无，本能脑便不会再刺激大脑分泌多巴胺了。

　　本能脑非常注重感官体验，所以对图像格外敏感。一旦图像深扎脑海，大脑就不会轻易忘记它。如果我跟你说："不要总是去想那头绿色大象。"那此时此刻，你会想什么呢？事实上，无论你多么努力尝试，你都无法摆脱脑海里的那头绿色大象。再或者如果我跟你说："不要想象我的模样，像刚出生一样赤裸着身体，一手拿着步枪，一手拿着培根三明治。"那你现在有什么想法？抱歉，我举这个例子只是希望证明一个观点，即本能脑是一个很有趣的"生物"，并没有想象中的那么复杂。特别是，本能脑无法区分消极图像与积极图像，认为所有图像的效力同等强大。这就能解释以下现象：父母对孩子大喊"别碰刀"，而孩子的第一反应是抓起刀，因为那就是他们脑海中的画面。[1]

　　一些头脑聪明的领导者会避开这种问题，用其他方式正常应对。例如，一位政府发言人说："我并不是说这就是美国的清晨。"虽然他表示达成关联并非其本意，但他还是让人们深刻地记住了一幅强有力的图像。这就是隐喻。在本能脑中，隐喻远比文字强大。正因如此，我们会在观察事情时，首先考虑其中的隐喻。隐喻扰乱头脑思绪，让人胡思乱想。此事千真万确，而且你看，这又是另一种隐喻。

---

1. 很多优秀的图书专门研究本能脑处理图像的能力，非常值得阅读。我想推荐两部著作。第一本：George Lakoff (2004), *Don't Think of an Elephant: Know Your Values and Frame the Debate: The Essential Guide for Progressives,* Vermont: Chelsea Green. 第二本：Eamonn Holmes (2004), *Drop the Pink Elephant: 15 Ways to Say What You Mean... and Mean What You Say*, Oxford: Capstone.

1 隐喻法则

"迄今为止，掌握隐喻即达到巅峰。我们无法从他人身上学习分毫。因此，隐喻象征天才。若一个人能良好地运用隐喻，即代表其可以发现万事万物的相似之处。"

——亚里士多德

领导力与意象

黑暗时代、启蒙时期、市场的无形之手、工业革命、变革之风、摇摆的60年代、不满之冬、铁娘子、金融风暴、信贷紧缩、房地产泡沫、助推、眨眼之间、引爆点……

以上都是隐喻。众人皆说，图片胜过千言万语。这几个隐喻就能塑造出成千上万个意象，深植于数百万人的脑海。

> 隐喻将想法深深印入本能脑。

隐喻虽然篇幅很小，却蕴含了巨大的力量。隐喻将想法深深印入本能脑，任其生根发芽，恣意蔓延生长，并逐渐影响人们的思维方式、感受认知和处世行为。

隐喻是领导力语言的一个关键因素。让我们追根溯源，层层深入：到底什么是隐喻？

隐喻

基本上讲，隐喻即替代。我们想要说明一件事情时，有时会用另一件事情来代替解释，这就是隐喻。因此，如果我们用数学思维来思考隐喻，其对应的基本公式为 $x=y$。

请看下面的示范。如果我对你说："我处在一个十字路口。"这句话便蕴含了一种隐喻"$x=y$"即"人生＝旅程"。这正是我传达于你的图像，它会引导我们以特定的方式展开谈话。而且，你很可能在回应中反复利用此图像，达成彼此间的交流。你也许会问："那你将何去何从？"在讨论过程中，大脑会不断生成特定图像，让我们更有可能表达某些特定的观点，并尽量避开其他想法。

$x=y$ 的例子比比皆是。例如，很多人将想法视为容器（如"观点漏洞百出""我来揭秘"）；将争论视为战争（如"我已整装待发""我们推翻了对方的言论"）；将房子视为家人（如"房子很有个性""厨房是房子的心脏。"）等。乔治·莱考夫（George Lakoff）的著作《我们赖以生存的隐喻》（*Metaphors We Live By*）中介绍了各式各样的隐喻。[1]

我们无时无刻不在运用隐喻：它不仅被应用在诗歌或夸张修辞中，还常常活跃于日常交谈中。若不运用隐喻，我们很难进行长篇演讲。我们平均每说

---

1. George Lakoff (1981), *Metaphors We Live By*, Chicago: University of Chicago Press.

16 个词语就使用一次隐喻。因此，隐喻散落（litter）在整个谈话中。看到没

有？就像上一句中的英文单词 litter，该
隐喻恰当吗？它是不是我们希望传达的
构想图像？"$x=y$"即"隐喻 = 垃圾"[1]。
这并非我希望植入大脑的图像：我只想
让你相信隐喻功能的强大。

> 我们平均每说 16 个词语就使用一次
> 隐喻。

再看一个例子："我们的谈话到处装填（load）着隐喻。"这句话如何？这
个例子是否更为恰当？本句中，"$x=y$"即"隐喻 = 武器"……倒还不错。当
然，这符合莱考夫的"争论即战争"的隐喻，我们也欣然接受。但是，就本人
而言，我不热衷于战争隐喻。再看下一个隐喻："我们到处播撒隐喻。"没错，
我喜欢如此。本句中，"$x=y$"即"隐喻 = 种子"。这蕴意似乎不错：几千年前，
人们就已将想法视作种子。事实上，"宣传"（propagate）这个词就起源于隐喻
框架——我们传播思想。因此，这种隐喻影响深远。我将运用"隐喻 = 种子"
这个隐喻。

事实上，我在本章开头就运用了这个隐喻。我表述的是，"隐喻将想法深
深印入本能脑，任其生根发芽，恣意蔓延生长"。当时，你可能未能察觉到隐
喻，但这恰恰是隐喻的强大之处。隐喻一出场，人们就会朝着它指定的方向思
考问题，这就是隐喻的神秘力量。

隐喻改变处世行为

这就说明：隐喻影响人们的生活态度、价值观念和处世行为。我在引言

---

1. Litter 做名词有垃圾之意。——编者注

中提到过，对隐喻的改动能极大地影响人们对于股价涨跌的预期，也就直接影响了股票买抛。[1] 简单来说，如果在谈论股票时使用关于生命的隐喻，人们更倾向于相信股价上涨。例如，如果你说今天早些时候英佰瑞的股价在"跳跃""攀升"或"暴涨"（反之，"回落""下降"或"骤跌"），相比其他隐喻，人们就更可能相信上述说法，从而认为股价之后会上涨（反之，下跌）。

> 隐喻影响人们的生活态度、价值观念和处世行为。

这是为何？当然，你可能有自己的一套理论思维，但我认为，我们天生就相信生命形态能够妥善履行既定目标。因此，本能脑可能自然而然地设想股价"回升""回复上升"甚至"暴涨，达到历史新高"。你看，隐喻就这样引导和鼓励我们按照特定的思维方式思考和行事。

但是，请摒弃这种想法，尝试一种截然不同的隐喻——无生命隐喻。先来看看机器隐喻。我们可能会说，葛兰素史克（英国制药公司）的股价"推升"或"抬高"，人们便觉得股价上涨的可能性不大。这又是怎么回事？也许，本能脑认为股价迟早会跌停，公司需要及时维护股市或发行全新股票。

这表明隐喻有时候会背离原意，诱导人们产生完全错误的想法。我就亲身经历过这种情况。之前，我的大女儿洛蒂（Lottie）确诊了 1 型糖尿病，需要每天注射四次胰岛素。起初，她很讨厌打针，并会感到恐惧。我们用尽一切办法帮助她克服恐惧。我们注意到网上对糖尿病的言论都是那么尖锐露骨：注射被称为"射击"或"扎戳"，用于血液测试的工具被称为"小刀"。难怪她会

---

1. Michael W. Morris, Oliver J. Sheldon, Daniel R. Ames and Maia J. Young (2005), *Metaphors and the market: Consequences and preconditions of agent and object metaphors in stock market commentary*, Columbia Business School. Accessed 3/2/2015.

那么害怕、那么畏缩。于是，我们改变了沟通语言，不断用积极的话语鼓励她。我们给所有用到的医疗器械都起了名字，如果它们顺利完成注射工作，我们就会夸赞道"做得真棒"；但如果它们伤害到洛蒂，我们就会严厉指责。我们将这些器械拟人化，赋予它们人的感受：这样，洛蒂就可以卸下心防，学着接受和喜欢它们。我们不会说给她"打针"，而是说给她胰岛素。现在，她已经可以彻底放松地应对治疗。当然，我并不会伪称语言是制胜的唯一法宝。毕竟，洛蒂是那么坚强、勇敢又无畏。

隐喻揭示世界观

通过洛蒂注射胰岛素的例子，可以发现这样一个问题：国家医疗服务体系中使用的隐喻只对医生有用，而对患者徒劳无益。临床医生常常使用战争意象来表达想法：他们谈论对抗癌症、战胜疾病、医疗设备送至救护前线等。他们对这种意象情有独钟：这让他们集中精力，不断刺激他们的大脑分泌皮质醇和肾上腺素，并在整个医疗服务中贯彻强烈的团队意识。

但这种隐喻会对患者造成消极影响。研究表明，如果医生对癌症患者使用战争隐喻来鼓励他们，他们反而会把医生当作敌人，变得更加讨厌医生。本书出版之时，一群学者正马不停蹄地编写隐喻书册，其中就包含了大量积极鼓励患者的隐喻。[1]

国家医疗服务体系是研究隐喻应用的有趣案例。你会发觉，体系中的每个部门使用各式各样的隐喻来表明截然不同的观念，继而利用这些隐喻来强化

---

1. Charlie Cooper, *Mind your language: 'Battling' cancer metaphors can make terminally ill patients worse,* The Independent, 3 November 2014. Accessed 3/2/2015.

组织架构分界线。例如，众所周知，在国家医疗服务体系中，临床医生和管理人员之间存在明显的分歧，你可以通过双方的对话察觉这一点。临床医生常常运用战争隐喻来描述情况，而管理人员似乎早就将国家医疗服务体系比喻为汽车。近年来，英国国家医疗服务体系推出了用汽车来隐喻的活动：健康驾驶运动、简易驾驶运动和创新驾驶活动，并发表了临床仪表板计划。他们还说要让患者坐到驾驶座上，充当司机。另外，他们还一度发行了"参与驾驶工具包"（我知道……这一切难以置信……究竟什么是"参与驾驶工具包"？我估计这个工具包指的是"嘴"）。

隐喻反映了人们的世界观。毕竟，世界观因人而异。作为一名演讲撰稿人，我觉得这是一个挑战。究其原因，我作为第三方帮助他人撰写演讲稿，必须摒弃个人视角和想法，根据客户的所看所知来描述世界。因此，我需要分析客户的隐喻：事实证明，这些隐喻有的能点拨启迪，发人深省。我可以通过隐喻深入了解客户的世界观和他们看待公司的方式，即将公司视作"人""其他生物"还是"机器"。这就决定了他们的演讲方式——谈及公司时用词是"心脏""核心"还是"机房"。有时，即便是在同一家公司，人们也会持有截然不同的世界观，也就会在交流中运用各式各样的隐喻。

我分析过一对夫妇的语言。他们一起经商，并取得了卓越成就。男方把经商视作游戏，所以他常常会说"掷骰子""滚车轮"或"中头奖"。而女方从未想过用这些词语来形容经商。她认为经商是一门科学，所以她会使用"化学元素""催化剂""爆炸效应"等词语。在每个语言应用情境中，他们都会本能地透露自己的世界观，比如女方曾在哈佛大学学习化学，所以这一经历潜移默化地塑造了她的世界观。

隐喻就是这样揭示人们的个性与品格的。我热爱音乐，所以我毕业后的第一份工作就是在一家餐馆弹钢琴（我太清楚那种感觉了！真希望我从未离开……）。如今，我仍然热爱音乐，在翻唱乐队"灵魂放克"（Soul Lotta Funk）中担任副键盘手。你可以从我话语中的隐喻发觉我对音乐的激情与热爱，因为我常常运用音乐隐喻来表达想法，比如"和谐""齐声""大高潮"等。

隐喻甚至可以表明人们的政治倾向。在2010年英国大选前夕，我主导了一个关于不同政党隐喻应用的研究项目。我们聚焦数十位政治家，精心挑选了上百篇总字数多达100万字的演讲，重点分析其中的隐喻。当时，我带领我那可怜的学生共同开展这项艰难痛苦、让人筋疲力尽的工作（在此衷心感谢我的学生斯科特·梅森），但我们没有白费力气。我们通过研究得出了一个极其宝贵的结论：主要政党在隐喻应用方面存在关键差异。

工党多使用战争隐喻，其数量是保守党的两倍。工党常常表示"为权利而战""保护国家医疗服务体系不受保守党攻击""资源送至前线"等。而自由民主党喜欢旅程隐喻，其使用频率是其他政党的两倍。他们会谈及"不断前进"、处在"分岔路口"、"直接改变方向"等。相比之下，保守党更倾向于使用自然隐喻和拟人隐喻，其使用频率是工党的两倍。他们一般会说"社会心脏"、欧洲"动脉堵塞"等。

由此可知，三大政党使用的隐喻与其历史和理念密切相关。毕竟，工党诞生于19世纪的革命斗争时期，所以我们不难发现其喜欢使用战争隐喻的奥秘。自由民主党自诩为政治进步人士，所以他们喜欢使用旅程隐喻，这不足为奇。而保守党始终对国家政府持中庸态度，认可自由放任的经济政策，并认为世界能够自然而然地解决问题。因此，毫不意外，他们偏向使用自然隐喻。

此外，我们还有很多让人眼前一亮的发现。我们还注意到隐喻跟政党标志有所关联。保守党的标志是树——与自然有关；自由民主党的标志是鸽子——与旅程有关；现如今，工党的标志是红玫瑰，但追溯到过去某个时刻，那时工党的战略是呼应保守党的号召。

这些隐喻已成为政党内部的通用语言，人人都会使用这些隐喻来表达某些共识。无论召开支部会议还是政党会议，政党成员只要齐聚一堂，就会使用相同的隐喻来交流，这表明成员们已本能地达成某些共识。他们会用相同的方式看待问题。这也表明整个政党团结且安全。如果内部成员使用了不同的隐喻来描述事情，那就很有可能导致政党分裂。政党领袖的职责就是找到人人适用的隐喻意象，这就是领导力语言。

何为好的隐喻

那么，到底什么算是好的隐喻？

在领导力语言中，如果你想赢得人心，就学着倾听人们使用的隐喻。你可以通过隐喻洞察人们的世界观，从而进一步赢得人心，获得支持。

> 想赢得人心，就学着倾听人们使用的隐喻。

举个例子。因为我运营着领导力语言工作坊，所以我需要经常外出推销服务。如果我跟人力资源总监会面，他们对我说希望在董事会上释放沟通潜能，我便会回答，释放潜能的钥匙就在领导力语言工作坊里。这表明我本能地赞同他们的观点，相应地，他们也能感觉到跟我相处不存在安全隐患。我们立场相同。

然而，如果我回复称"那好，我们必须首先反驳沟通无用的观念"，他们听后可能略微退缩。他们不喜欢做这种事情。如果我表明我眼中的世界与他们截然不同，他们就会认为我来自不同阵营，而且侵略性更强、更咄咄逼人，那我们大概就无法达成交易了。

混合隐喻

在"钥匙"这个例子中，我知道我运用的隐喻能够引起人们共鸣，而且成功奏效。因为我知道，我试图说服的人就在脑海中思考这种隐喻意象。

然而，在商业和政治交流中，人们使用的很多隐喻压根没有说服力。众多商业隐喻要么无比混乱，要么存在错误。人们可能谈论："规划进攻路线，从而率先确立优势并跨越竞争，但这需要我们从根本上传播这种思想，顺利执行战略，然后同整个商业模式挂钩，打造商业地基。"看到这些，你可能已经头昏脑涨、不知所云了。但请相信，这就是现实情况，并非胡乱编造。这段话是典型的商业用语。

虽然上面那段话看起来非常权威、果断，但问题是，本能脑无法准确捕捉到任何对应那段话的清晰画面。该观点非常混乱，令人困惑。问题在于混合隐喻。那段话首先运用了旅程隐喻——规划路线，进而转向战争隐喻——进攻，结构隐喻——确立（优势），空间隐喻——跨越（竞争），再到园艺隐喻——传播思想，设计隐喻——整个商业模式，机器隐喻——挂钩，最后落至建筑隐喻——商业地基。这段话中使用了过多隐喻，导致结构无比混乱，对应的图像模糊难认。因此，大脑会本能地排斥此类信息。如果删掉整段话中所有的隐喻，或者至多运用一个简单隐喻，那结构就会简单清晰得多。很多时候，你碰到一些结构混乱的文本时，最好的应对方法就是理清其中的隐喻。

大多数时候，我怀疑是持有不同观点的人聚集在一起，成立所谓的"委员会"来撰写同一篇文章，才导致了这种糟糕的情况。他们对其他人的看法不以为意，但又没人想牵头引导争论，所以他们都沉默不语，到真正开始撰写时就加入各自的隐喻。

很多读者疑心很重，怀疑并非作者写作水平有限才写出此番水准的文章，而是作者精心设计，特意创作出这样的文章。人们有时会故意使用混合隐喻来撰写出混乱无序的文章，让他人无法直接审视细节。这种文章的作者打赌无人会质疑他们的文章，因为人们害怕这样做会让别人觉得自己愚蠢无比。人们的选择或许是正确的。

下面是麦肯锡咨询公司提供的部分文本实例。这是他们给予英国政府的建议，其中说明了国家医疗服务体系节省 200 亿英镑支出的方式。以下是执行摘要的节选。

国家如果想实现卫生和医疗服务支出的阶跃变化，就需要提供令人信服的理由，比如启动正式机制来提高效率；部署职工薪酬委员会（WCC）工作体系和流程；消除民族隔阂，推动变革；出台激励政策；提高技术水平和能力，不断降低服务成本等。

我们建议全国统一推行一套高效的系统，推行共享医院账务系统（SHA），并联合医疗技术系统公司（PCTs）来实现增效节支。卫生部应该直接采取行动，积极抓住机会，不断节省成本，比如降低关税等。政府还应该发布一个鼓舞人心的报道，消除障碍，改进服务框架或工具，在现有机制体系（如 WCC 等）内注入驱动力量，不断提高效率，从而实现系统的成功交付与应用。[1]

这意味着什么？如果你询问 20 个人，就会得到 20 个不同的答案。这意味着一切，也代表一无所有。这篇摘要的表达相当混乱，实在不忍直视。如果

---

1. 本报告是麦肯锡咨询公司为英国卫生部准备的秘密文件。2009 年，该报告遭人泄露给《泰晤士报》，在社会引发强烈争议。新联合政府决定在 2010 年将完整报告公布于世。

作者能够清晰明了地表达观点，阐明思想，那国家医疗服务体系或许已经成功增效节支。我只想说，国家医疗服务体系最终未能实现节省 200 亿英镑支出的目标。相反，其支出还在逐年上涨。

判断错误的隐喻

我们刚刚介绍了混合隐喻。此外，隐喻中还存在另一个常见问题，即错误使用。有人在演讲中使用了某种隐喻，自以为会让观众产生共鸣，但事实上让观众感到毛骨悚然。

运动隐喻就是很好的例子。热爱足球的人可能常常谈论进球得分、替补球员或比赛越位等。演讲者使用这些隐喻，能够有效地吸引足球爱好者的注意，但其他人就感觉像在听体育解说员艾伦·帕特里奇（Alan Partridge）[1]解说比赛一样。当然，其他人可能喜欢板球，就会经常在交流中使用板球隐喻，如向他人抛掷外曲线球、击退击球手、冲出去击球等。这些隐喻并不适用于所有人。事实上，如果你想疏远关系，而非结交朋友，那么运动隐喻没准能帮到你。

战争隐喻有时也会适得其反。人们可能话里话外都不脱离战争、武器、军队等词语。许多人认为这些词语侵略性太强，感觉对方嚣张跋扈。我在上文提到过，英国工党喜欢使用大量的战争隐喻。在 2005 年英国大选前夕，工党领袖埃德·米利班德表示，他会尽全力（fight to）说服大众，让大众相信他能够胜任首相。听到埃德·米利班德的发言后，我大受震惊。毕竟，与选民"开战"可不是获得支持的最佳方式。当时报道还称，埃德·米利班德希望大选期

---

1. 艾伦·帕特里奇是英国喜剧中的角色，以夸张和搞笑的风格进行体育解说。——编者注

间"国家医疗服务体系全副武装"。人们对这个建议大吃一惊，担心这个备受欢迎的医疗机构沦落为政治武器。问题在于，对埃德·米利班德来说政治就是战争。我们从他运用的隐喻便可明白这一点。或许，埃德·米利班德借助这种观念可以清楚地思考政治问题，但他如果想要赢得人心，就必须学着使用一种截然不同的表达方式与人们交流。简言之，不要动不动就讲武器。

有的人喜欢使用计算机隐喻。近年来，科技不断改变人们的思维方式，计算机隐喻也由此流行起来。一切都在意料之中。越来越多的人会谈及"重置"公司、"点击"查看海量资源、从同事那里"下载"信息等。这些说法都无法体现个人性格。"我们需要重置××地区"体现出演讲人的蛮横霸道。毕竟，数以百万计的人们无法像计算机一般随意开关机，被人掌控于股掌之间。这种隐喻还体现出演讲人的控制欲，他们希望利用这种隐喻控制他人。但如果你真的把这种隐喻用到想要控制的人身上，估计你并不会得偿所愿。

或许，汽车隐喻的应用最为广泛。我在前文提过，国家医疗服务体系的管理人员很喜欢使用汽车隐喻。汽车隐喻无处不在，大多数组织的话语中都潜藏着它的身影。

人们会说"推动"参与、"加快"变革、"换挡加速"创新步伐，提及"刹住"想法、安装"涡轮增压器"、"杠杆"价值、细化到"具体零部件"，甚至谈论某些"核心"事情。人们出现工作失误时，就会"失去动力"或"崩溃熄火"。当然，他们中途也很可能"遭到打击以致故障"。

领导者思考组织架构时，应该妥善利用汽车隐喻。过多使用汽车隐喻体现出他们始终保持客观冷漠的态度，在裁员等问题上冷酷无情，并做出艰难的经营决策。整个过程中，他们似乎丝毫不顾及员工的生命或情感，甚至对由此引发的情感纠纷或团队压力也漠不关心。另外，这也极大满足了他们的控制欲，但前提是整个团队必须容易掌控、工作高效，而且能够及时响应。更重要的是，领导者应该可以轻而易举地预判团队成员的回答。因此，如果领导者希望继续向前发展，他们要做的事情就是拧动钥匙，挂上车挡，踩动油门，然后驾车驶去。这种画面是不是令人神往？然而，只要你询问任何一个有过真实领导经验的人，他们都会告诉你，过程并非那么理想。真实情况更像是他们刚坐进车里，拧动钥匙，然后不解地发现没有任何反应，这是哪里出了问题？因此，虽然汽车隐喻对领导者有极强的吸引力，但它缺乏说服力。

另外，虽然大家对机器隐喻褒贬不一，但最严重的控诉是，机器隐喻本该激励人心，却削弱了人们的信心，令人沮丧不已。人们听到机器隐喻，非但不

> 机器隐喻削弱了人们的信心，令人沮丧不已。

会获得安全感，反而感到深受威胁。究其原因，如果公司是一辆汽车，领导者就是司机，那员工扮演何种角色呢？员工便会认为自己是汽车零件，不再需要开拓创新，不再需要头脑风暴。他们只须全心全意地履行职责，仅此而已。一旦他们无法履行职责，领导者就会毫不犹豫地拆卸并换掉他们。这种机器隐喻下，员工不再被鼓励彰显独特个性。他们如同机器一般，机械地思考和行事，难免会沮丧失落。

那么，这种机器隐喻从何而来？为何流行起来？在我看来，它主要源于管理顾问。弗雷德里克·温斯洛·泰勒（Frederick Winslow Taylor）和亨利·甘特（Henry Gantt）是现代管理咨询思维的奠基人。其中，泰勒以泰勒主义闻名世界，而甘特提出了著名的甘特图。他们都是工程师，并于20世纪初开始写作。当时，商界发生了一件轰动全球的大事：汽车投入大规模生产。因此，机器隐喻逐渐流行起来；而且在那个年代，大多数人都做着烦琐重复、无须动脑的工作，所以机器隐喻非常符合当时的状况。但如今，时代变迁，大多数组织要求员工开拓创新、反应迅速、适应力强。因此，我们也应该与时俱

进，改用一套切合时宜的隐喻。我们需要摒弃那些将人们视作汽车零件的隐喻，寻找新时代背景下的全新隐喻，加强彼此间的沟通交流。

蕴含领导力的隐喻

蕴含领导力的隐喻直接体现了本能脑的两大最高需求：确保安全和寻求回报。这种隐喻可以穿越时空，打破文化枷锁，跨越地域界线。因为这些隐喻谈论的是基本需求，因此人们能从中获得普遍共鸣。

> 蕴含领导力的隐喻直接体现了本能脑的最高需求。

因此，我会在本章剩余篇幅中，带领大家深入研究蕴含领导力的 5 种隐喻。当然，这并不代表人们只应该使用这 5 种隐喻，而且必须每时每刻严格遵守。我的本意只是给大家提供一些建议。毕竟，在我看来，这些隐喻可以开拓思维，带你领略全新的精彩。你大可放心，这些隐喻一定会比那些把人视作汽车零件的机器隐喻更容易赢得人心。

蕴含领导力的隐喻：

拟人隐喻；

旅程隐喻；

气候及自然隐喻；

食物隐喻；

家庭及朋友隐喻。

拟人隐喻

人们遇到反感之物时，就会自然而然地陷入机器隐喻的思维。如果他们对某人的才华毫无兴趣，他们可能会说"齿轮在我脑海中呼呼作响"。如果他们厌烦了婚姻生活，他们就会说生活在"原地打转"。相反，要是人们喜欢某样东西，他们就会不由自主地运用拟人隐喻。园艺爱好者说他们的植物似乎有些"口渴"；爱酒者会出去痛饮"厚脸皮的一品脱酒"[1]；房主会自豪地表示厨房是房子的"心脏"。

请看表 1.1 的例子，你就能明白我的意思了。

表 1.1　拟人隐喻示例

查尔斯·布劳尔，广告大师	"新点子非常脆弱。一个冷笑或哈欠就能扼杀它；一句讽刺就能刺灭它；爱人一皱眉，就能愁死它。"
玛丽·波塔斯，零售大师	"商业街往往处于城镇和社区中心。尽管一些商业街繁华喧闹，但大部分商业街都需要自力更生。一些大街身患疾病，一些大街在死亡边缘徘徊，还有一些大街现已去世。我们无法也不该试图拯救每一条商业街，挽回每一条生命，但调查结果显示，如果再不采取紧急行动，大街的伤亡还会持续增加。"
乔纳森·弗里德兰，经济学大师	"我们必须正视一种观点：给窒息经济注入生命活力的最佳方式不是使劲勒紧它，而是给它氧气。"

如果你和参加过大项目的人有过交谈，那你或许已经亲身感受过拟人隐喻了。我就会在交谈中使用拟人隐喻，你可以通过我使用的隐喻看出我对工作

---

1. 原文为 cheeky pint，是一句英国口语，通常指一大杯酒。

的热爱与满足。如果我正在谈论一个流畅而顺利的演讲，那我很可能提及演讲的"心脏""脊柱"甚至"腿"。但如果我有些不满，我可能就会转向机器隐喻，表示这篇演讲"功能性"极强，或者我还尚未"组装"各部件，然后快速将话题转移到机器隐喻上。这就是拟人隐喻与机器隐喻的区别：拟人隐喻传达出演讲人的热情，而机器隐喻丝毫不掺杂个人感情（见图 1.1）。

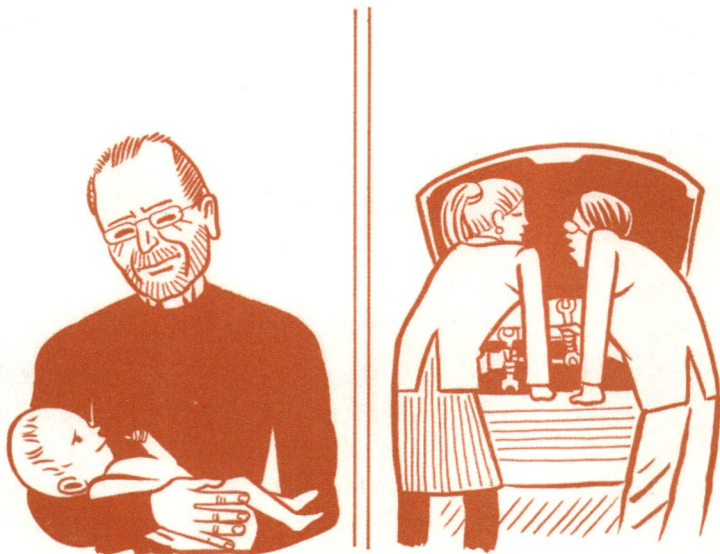

图 1.1　拟人隐喻 vs 机器隐喻

　　艺术家经常使用拟人修辞。理查德·柯蒂斯（Richard Curtis）是《四个婚礼和一个葬礼》（*Four Weddings and a Funeral*）等电影的编剧。最近，我看到了一句出自他笔下的唯美话语："构思电影和制作电影的区别就是一个女人为你生下第三个孩子时，你站在房间另一边静静观看与陪在她身边的区别。"透过这种说明，我们能彻底理解其中含义，即电影就是他的孩子。顺便一提，我认为图书也是我的孩子。如果编辑"删掉"任何一点文本，我都会勃然大怒。因为在我看来，这就是一场"艺术谋杀"（我敢打赌，我肯定把编辑吓坏了……）。

拟人隐喻的强大之处在于，它完全适用于任何情景。不分年龄、性别，任何人都能明确理解拟人隐喻。虽然人与人各不相同，但我们生活在地球上，都有一个共同的体验，即人人都拥有一个身体。拟人隐喻跨越语言、文化和洲际限制，赢得了全球人民的喜爱。在西方，我们常常自以为是地谈论东方人的"面子"问题，但是西方文化同样普遍存在象征人类尊严的"面子"隐喻。例如，在英国，我们会提及"正视"问题，看待事物"表面"或"惨遭打脸"等。

身体隐喻也不同凡响。我们在运用一些与身体动作相关的隐喻时，例如"这个组织能咬人，杀伤力真强"或者我们必须"抓住机会"等，功能核磁共振成像扫描仪显示，与之相关的部分大脑会被激活。因此，大脑接收到这种隐喻信息后，会直接呈现咬或抓的动作。这正是拟人隐喻的高效之处：这些信息会直接嵌入人们的大脑。

拟人隐喻的应用

在一个公司中，公关团队是发声担当，战略团队是脑力担当，监管团队是耳目担当，而我们自诩为倾听担当。我们也许会提及公司的"奋斗历程"及"生存技巧"，谈论"屹立于世界之巅"的方式，聊起"抓住机遇"的经历，诉说"接触合作伙伴"的过往点滴。我们需要清楚公司"个性"，明确市场"形象"，深知"组织架构"（DNA），知晓公司"愿景"和"价值观"。公司有怎样的"前世今生"？有何种主要"个性和品质"？为何"受到喜爱"？这些语言不同于以往的机器隐喻，它们另辟蹊径，为我们提供了一种全新的世界观。

表 1.2 通过英国爱国主义者与英国社会工程师的对比，展示了拟人隐喻与机器隐喻的区别。

表 1.2　英国爱国主义者 vs 英国社会工程师

英国爱国主义者	英国社会工程师
我会告诉你什么是英国精神……	英国火力全开。
责任是流淌在英国静脉和动脉中的生命之血……	我们将社会各行各业串联起来。
我们会让英国东山再起，重新屹立于世界之巅。	我们正不断推动英国重回巅峰，领先世界。

　　拟人隐喻赋予事物个性。企业家经常利用拟人隐喻来描述他们创办的公司。我跟一名企业家有过交谈。他提及了公司的一段艰难过往。当时，公司陷入困境，亟须裁员来维持生计。他说："公司已经不堪重负了。这就是现实。我们必须减重。当然，我们有很多减重方法，比如去减肥中心、尝试阿特金斯饮食法、做胃束带手术等。而我，选择了直接截肢。"这种拟人隐喻通俗易懂，画面感极强。

　　另外，拟人隐喻还在无形中培养了亲密感，拉近了听众与演讲者之间的距离。亚当·斯密（Adam Smith）谈及"市场的无形之手"时，就给人们植入了一种思想，即市场如人。历史上，人们对亚当·斯密的经济学理论褒贬不一，其中最严重的批判就是市场可能有效，却对人们漠不关心：市场可以轻轻松松、毫不犹豫地让成千上万人失去工作。而亚当·斯密的这种隐喻思想正面驳斥了这种批判观点。他运用拟人隐喻，揭示了市场的无限可能，表示市场如同人一般有着同情心。此外，亚当·斯密清楚自己所做的事：他在格拉斯哥大学（Glasgow University）教授修辞学。你可以通过网络观看他的讲座，这些讲座内容丰富，值得观看。毫无疑问，你看后定能感同身受，知晓拟人隐喻的强大力量。[1]

大多数知名品牌都基于拟人修辞创作而成。[2]这有利于赢得大众的喜爱，也正是我们将某些品牌视作朋友的原因。

> 知名品牌基于拟人修辞创作而成。

环顾一下你的厨房：你或许会看到威猛先生、快乐绿巨人、本叔叔等品牌的产品。再看看广告牌上的一些大型广告词："只求好奇一抱"（好奇纸尿裤）、"唯'是'独尊"（信托储蓄银行）、"个性酒店"（最佳西方酒店）等。好好打量一番你的房子。亨利吸尘器的吸头一动，我的女儿就兴奋不已。通过拟人修辞，事物、品牌或公司可以摆脱枯燥和乏味，焕发生机和活力。迪士尼经常在动画中使用拟人手法，让角色栩栩如生。伟大的领导者也常常会用拟人隐喻来劝说他人，以赢得支持。在麦金塔计算机（Mac）发布会上，史蒂夫·乔布斯便像介绍人物一般展示着它，他甚至先跟它说道："很高兴认识你，麦金塔。"史蒂夫·乔布斯轻轻抚摸着苹果手机的机体，把它比作一位婀娜多姿、美丽动人的女子。他继续说道："手机上的按钮是那么的迷人，让人忍不住想亲上一口。"

一些公司会专门在品牌设计中融合人脸元素。只要设计突出，这些作品就会激活负责人脸识别的部分大脑，使其产生所谓的"相貌知觉"。[3]因此，商

1. Adam Smith (1985), *Lectures on Rhetoric and Belles Lettres*, ed J.C. Bryce, vol. IV of the Glasgow edition of the works and correspondence of Adam Smith, Indianapolis: Liberty Fund.

2. Iain MacRury (2009), Advertising, London: Routledge.

3. Martin Lindstrom (2009), *Buyology: How Everything We Believe About Why We Buy Is Wrong*, London: Random House.

场的手表大多设置为 10：10，一些房子还会建得酷似人脸。大众露营车和宝马迷你库珀（Mini Cooper）都能很好地体现这一点。功能核磁共振成像扫描仪显示，人们看到迷你库珀时，负责人脸识别的部分大脑会兴奋起来。因此，很多车主会特别钟爱这款轿车，还会给它们起名，把它们当成家庭成员。接下来，我将以我的亲身经历为例，向大家展示拟人隐喻在销售中的优势。我拥有一辆大众汽车，之前我跟露西浏览知名线上购物网站，打算购买一辆露营车。于是，我们看到了两则营销广告，详见表 1.3。

表 1.3　使用隐喻 vs 无隐喻

拟人隐喻	无隐喻
驾驶这款深受喜爱的洛莉露营车，开启你的完美假期！去年，我为自己和 4 岁的女儿买了这款车，但我现在实在是太忙了，所以我们决定忍痛割爱，卖掉她。等未来生活闲适，稍微轻松之时，我们再买一辆新的露营车。洛莉这款车性能整体不错，于今年 4 月首次通过车辆年检，不存在任何问题（我们为她感到自豪）！从照片来看，她并非完美无瑕，却风趣无比。你只需要给她美容，不需要进行任何机械操作。下次探险、节假日或周末外出时，你只须花费少量金钱，便可让她恢复如初，甚至更加漂亮。这实在是太有趣了。	大众 T25 露营车产自 1981 年，内置 2 升的空气冷却机。本车最近刚刚完成检修，包括卸顶专业喷涂、清除锈迹、更换车身饰板等，还新换了带有铬轮毂盖和饰件的轮胎。新引擎已安装，加上了垫圈和封条。本车还新换了干净且喷过漆的二手油箱。只要微调滚道，引擎便可正常启动，顺利运行。车内干净整洁……

　　表 1.3 中，右边这则广告仅介绍了车的功能，罗列了大量信息，缺乏情感色彩和说服力，不够吸引人。而左边这则广告不仅运用拟人修辞，将车比作朋友，还生动地刻画出一个丰富多彩的形象。我们可以感觉到洛莉活泼有趣、容

易相处，适合陪同出游和度假。最后，尽管她锈迹斑斑，我们还是想驾车直奔伍斯特去看看洛莉。这就是销售中关键的第一步。讲到这里，我们来继续了解下一个蕴含领导力语言的隐喻——旅程隐喻。

旅程隐喻

2008 年，奥巴马在芝加哥格兰特公园对着 25 万人发表胜选演讲。他表示："前路漫漫，旅途艰险。我们可能一年内，甚至在我整个任期内都无法抵达终点，但是此时此刻，我满怀希望，无比确信美国终将实现目标。我对大家保证，我们这个民族定会梦想成真。"

这场演讲精彩动人，其内容得到了人们的多次引用，让人不禁联想起历史上众多伟大的领袖。伟大的领袖基本都会使用旅程隐喻。在领导力语言中，旅程隐喻铿锵有力、振奋人心。领导者往往会基于领导力前提，开启旅程的话题，阐明其领导决心和愿景。这种隐喻让听众产生一种想法，即"我看到了未来的路"，所以才更加坚定有力、吸引人心。

另外，旅程隐喻激活了大脑的奖励系统。如果人们清楚地看到了前路方向，他们就能确定自己何时取得了进步。他们一路上坚持前行，每每取得进步，大脑都会受到刺激并分泌多巴胺。这种隐喻还能让我们回想起祖先的漫漫旅程，而且很多歌曲也采用旅程隐喻，比如《没有哪座山比爱情高》（*Ain't No Mountain High Enough*）、《漫漫曲折路》（*Long and Winding Road*）、《他不重》（*He Ain't Heavy*）等。

当然，旅程并非一定充满艰难险阻，它也能如我们所愿那般辉煌壮丽。旅程越真实、越吸引人，大脑的奖励系统就会越发活跃。奖励系统会激励我们跨越障碍，砥砺前行，而非仅仅踱步前进，甚至原地踟躇。泼洒你最鲜艳的颜料，为旅程增添色彩，使其更加真实、生动。也许我们正走在崎岖的道路上，经历坎坷磨难；也许我们正小心地面上的香蕉皮，防止跌倒出丑；也许土匪正埋伏在四周，时刻觊觎着我们宝贵的财富；也许我们正在一片变幻莫测的土地上踏步前行，前方充满了未知与迷茫；也许我们已经深陷泥泞，处境艰难；也许我们正站在悬崖边环顾四周，危险迫在眉睫……当然，我们还可以尝试运用一些自然隐喻，比如播撒种子、鲜花盛开、生机盎然等。这些都象征前方旅程一片光明。

此外，在踏上旅程前，我们还应该关注一件事情：天气。

气候及自然隐喻

2010 年英国大选期间，戈登·布朗发表了下面的演讲。

虽然我们已经度过这场风暴中最糟糕的时期，但大海依旧澎湃汹涌。虽然我们已经一起熬过这场风暴，但前路依然充满艰难险阻。这次旅程不容退缩，我们需要鼓足勇气，勇担使命，破釜沉舟，坚定信念，一路勇往直前。我们正在经受暴风雨的考验，所以无法回头。因此，我们要万众一心，坚守梦想，迎难而上，完成使命。

你看到了吗？这段话明确运用了暴风雨隐喻。戈登·布朗能够巧妙地利用暴风雨来引起大众共鸣，实在是聪明绝顶。他希望运用暴风雨隐喻达成两大目的。第一，他暗示 2008 年金融危机是自然而然的事情。因此，我们不应该怪罪贪婪的银行家、懦弱的政客和无能的管理者。毕竟，这是不可抗力。的确，尽管新闻报道和研究调查层出不穷，均证明监管、机构和个人应对此次失败担负责任，但没有任何人因为引发金融危机而锒铛入狱，这一切难道不奇怪吗？这种隐喻便对此做出了回应。如果戈登·布朗运用隐喻，将矛头指向人类的参与，比如金融崩溃或金融崩塌，那么很多人便会要求那些担责之人受到法律的制裁。除了我的好朋友汤姆·克拉克（Tom Clark），几乎没人质疑暴风雨隐喻。克拉克在其著作《艰难时世》（*Hard Times*，2014）中，反对使用暴风雨隐喻。他认为暴风雨导致每个人都会等量淋雨；这种情况更像台风，即一些社区惨遭重创，而另一些社区安然无恙。

此外，戈登·布朗的隐喻之所以那么强大有力，是因为他将自己视作船长，引领这艘船在暴风雨中乘风破浪。这种思维可以极大地拓宽旅程隐喻的应用范围。戈登·布朗构想出这样一幅画面：他引领船只在海上踏浪前行，如此一来，戈登·布朗不断提升自己的地位，让其他人无法轻易撼动（尽管当时一些高级内阁大臣想要打压戈登·布朗），这就是他的第二大目的。我们都知道，船只在暴风雨中驰骋本就无比艰难，突然更换船长简直疯狂至极。当时，海泽尔·布利尔斯（Hazel Blears）大臣毅然辞职，只为抗议戈登·布朗在位。她在发表辞职演讲时，胸前别了一枚胸针，暗喻"撼动这艘船"。你看：一旦某种隐喻根深蒂固，其所代表的形象就会无坚不摧，即便某些人持有截然不同的观点，奋起抗议，也无济于事。

气候隐喻也常常在领导力语言中发挥显著作用。领导者可以运用这种隐喻来巩固自身地位。托尼·布莱尔曾承诺会迎来崭新的黎明；戴维·卡梅伦说过太阳终将升起，带来无限光明；商界领导者常常谈论变革之风、处在飓风风眼之中感受洗礼等。

所有这些隐喻都能让我们回忆起祖先。它们深刻说明了本能脑的两大需求：确保安全和寻求回报。阳光中风景美丽动人，不远处光芒微微闪烁，灿烂的阳光落下，温暖着我们的肌肤。同样，谈及凛冽寒风、霜冻大地、强大风暴等，人们还是会本能地退缩和回避。这就是一种出于安全需求的求生本能。2008年金融危机下，企业遭遇重创，创新创业的能力水平显著降低。暴风雨隐喻并不能帮助人们解决这个问题。毕竟，我们又能在暴风雨中做什么呢？我们只能沉心静气，寻找避难处所，静待风暴过去。

光明和黑暗隐喻也能达成同等效果：光明暗喻善，黑暗暗喻恶。电影导演总是操弄光线，本能地告诉我们电影中的角色谁好谁坏。伟大的领导者也会运用同种技巧来描述推动或阻碍。光明代表生存，黑暗代表死亡。因此，这些隐喻直接与本能脑展开对话。此外，还有一种能够与本能脑直接对话的隐喻，那就是食物隐喻。

食物隐喻

旅途中，我们需要吃饭、喝水。没有了食物，我们就必死无疑。这是生死攸关的问题。我们需要食物和水，这便激活了大脑的奖励系统。食物隐喻也由此诞生，对呼吁和激励观众影响重大。

信息如水流，或涓涓而下，或潺潺流动。这种隐喻让信息更加生动形象，吸引人心。我们也许发现自己沉浸在数据之中，或在信息海洋中尽情畅游。相比之下，这种说法略逊一筹。

我们也可以把信息视作食物。这种隐喻在信息技术领域的应用极其广泛。大家都知道苹果公司，但很少有人知道麦金塔计算机也是一种苹果机型，在北美十分常见。谷歌经常使用食物隐喻来形容物品，却没有苹果公司那般注重健康。谷歌的工作者每年都会使用一些俏皮又美味的食物，如纸杯蛋糕、甜甜圈、闪电泡芙等来命名安卓操作系统。后来，他们选中了黑莓。这个隐喻恰如人意。黑莓隐喻让人们脑海里产生这样一种意象：把办公室装进口袋，四处行走。这种意象不仅吸引人心，而且令人向往。我们可以借助隐喻来传达感知，但是有一点至关重要：意象必须恰到好处。有人告诉我，谷歌的人在讨论是否用"黑莓"作为品牌名称时，还一度想采用"草莓"这个名字。但最后，他们还是决定采用"黑莓"，因为"草莓"这个名字显得过于饱满充实，而"黑莓"似乎就比较完美。的确如此，不是吗？这是领导力语言的绝佳示例。但是，我打赌如果有人把"黑莓"叫成"裂莓"，谷歌的人每次听到都会愤怒不已。

我们还可以用水来形容金钱。银行会提及流动资金池、现金流和信贷枯竭等。时局艰难时，他们还会谈论"拧紧水龙头""冻结资产"等。我们可以从这些表述中看出，金钱关乎生死存亡，对我们至关重要。这种想法掷地有声，能够震撼人心。如果资金链停止流动，我们就会面临死亡。同样，金钱也可以被视作食物。我们可以称其为面团、面包等。我们如果受到丝毫的亏待，就会表示"吃了桌上的面包屑"。当然，还可将思想比作食物。我们可能会谈及思想"如鲠在喉""难以消化"，反之"美味诱人""喷香可口"等。我们还可以用"垂涎欲滴"来形容公司的并购前景。食物隐喻总是让人心满意足，如"容易消化""不会口留异味""除非天上掉馅饼"……

我们提及食物，就会不由自主地联想起餐桌，忆起围坐在餐桌旁的亲朋好友。

家庭及朋友隐喻

总有一种强大的本能，驱使我们不由自主地靠近亲朋好友，它就是归属感。我们谈及合作伙伴、利益相关者或商界人士时，这种本能都不会被激发。真正拿捏这种本能的是我们的家人及朋友，是我们围坐在火炉旁或餐桌旁的温馨场景，是一种亲密感和喜爱感。

有时，我们会把国家看作一个大家庭。领导者用这种隐喻让人们感受到这个大家庭的温馨幸福。当然，他们也可以摒弃这种意图，将其转化成一种威胁。在全民公选苏格兰独立时，戴维·卡梅伦警告称，分裂联合王国就如同"悲痛离婚"。虽然我不知道你此时此刻有何感想，但我从未见过任何人对离婚持有积极看法。这种隐喻非常有效。很多苏格兰人听后便反对独立。

家庭隐喻在处理国际关系问题上非常有效，也同样适用于公司内部事务。我们可以运用这种隐喻弄清楚谁是朋友、谁是创始人、谁是姊妹党等。需要注意的是，我们使用的隐喻名称，可以帮助我们洞察潜在问题。

我曾经在一家刚刚经过分拆的大型公司工作一段时间。两家子公司的员工都称那次分拆为"离婚"，这让我大吃一惊。很显然，这个隐喻相当消极。因此，我们开始创造一种新的隐喻来形容这次分拆。在这种全新的隐喻视角中，这两家子公司在同一个"家"里出生并长大，每天生活在同一屋檐下，都是这个家里不可或缺的一分子。但是，他们成长迅速，最终变得高大健壮，还各自取得了显著的成就。因此，他们需要拥有各自的独立空间，来谋求进一步发展。后续员工调查也表明，员工态度发生了巨大转变：他们不再回首过去，而是展望未来，只将公司分拆视作转型的良机。

付诸实践

隐喻的实践涉及方方面面，不过你不用茫然无措。你只要知道隐喻的使用方式及其力量，就可以比同龄人和竞争对手拥有更大的优势。无论理解他人真正的意图，还是想方设法赢得人心，你都可以轻松做到。

当然，你要是知晓了隐喻的效果，或许可以避免无意识地说出冒犯他人的话语。这种情况不仅发生在前文所提的汽车隐喻、计算机隐喻，或者运动隐喻中，甚至还可能在其他情境中造成更加严重的后果。

例如，我的一位朋友最近在工作中遇到了困难，处境比较艰难。他是一名金融调查员，但在一次调查中，他丢失了一份非常关键的证据。他的经理问他："你确定那份证据没在你的桌子上烂掉？"这句话在他的脑海中久久盘旋，挥之不去。在星期日的凌晨，他一早醒来就在想这个问题。最后，他向妻子哭诉起来。他不明白为何这句话会让他如此沮丧不安，但其实这并不令人惊讶。他的老板在表达他的桌子乱得像一个垃圾桶，或者一道化脓的伤口，难怪他会感到如此糟糕。

因此，请注意恰当使用隐喻，同时也请关注他人使用的隐喻。如果可以，也请用隐喻回应对方：这会助你尽早赢得人心。如果你在董事会会议上负责会议记录，你就能发现每个人都在使用各式各样的隐喻。你可以通过这些隐喻洞察他人的观点，并因人而异，从他们的角度出发阐明观点。另外，你注意到有人使用了不当隐喻时，可以帮忙调解，寻找一种适用于所有人的通用隐喻。

如果你真想严肃对待隐喻这个东西，就需要花些时间明确恰当的意象（见图 1.2 ）。

图 1.2　了解隐喻

如果你想举办一次研讨会，确保你与你的顶尖团队想法一致。你可能会问以下问题。

- 我们的团队需要什么样的人才？是勇敢无畏、积极进取的探索家，还是工作认真、沉着冷静的专业人士？其他人如何看待我们？

- 我们的发展方向是什么？最终目标是什么？我们能无比自豪地称其为绚丽的艺术殿堂吗？我们是在不断朝着绿宝石城迈进，还是在边际徘徊？我们的前景如何，又会在过程中遇到什么问题？

- 未来的天气如何？我们这艘帆船会遇到狂风暴雨吗？需要与风暴顽强抗争吗？我们该如何应对？我们能保持航向、勇往直前吗？

- 我们需要什么食物？我们该如何保持健壮的体魄？我们该去哪里寻找食物？这些食物吃起来味道如何呢？

- 在这漫漫旅程中，谁是我们的朋友？谁是我们的家人？我们彼此间到底有多亲密？我们又该如何增进这种亲密关系呢？

请仔细斟酌以上问题。你甚至可以聘请一位艺术家，帮助你捕捉这些形象可视化的话语。这样就可以创造出一种全新的语言和词汇，而这种语言和词汇恰恰表达了我们强烈的本能需求。当然，你可以使用更多的隐喻。世界之大，隐喻不可估量。真正重要的是，你要充分发挥想象力，构思出所想意象。

形象化描述在领导力领域至关重要。此外，领导者的形象尤为关键。我们将在下一章"领导形象"中详细探讨这部分内容。

2 形象塑造法则

"要想说服他人，首先说服自己。"

——马克斯·德索（Max Dessoir），法国哲学家

有一次，英国富时指数公司的首席执行官邀请我同他一起巡视公司。当时，我负责为他撰写新闻稿，正好可以借这个机会了解他。毕竟，巡视是一种考验领导者的绝佳方式，能够让人深入洞察他们的真实作风。人不可能每时每刻都在伪装：我们迟早会揭下面具，展露真实性格，呈现一个个"真实瞬间"。我的一位挚友跟他的首席执行官见过 3 次面。每次见面，他们都会谈论相同的内容。"你叫什么名字？""你最近在做什么？""那听起来非常重要，继续坚持啊！"这位首席执行官就缺少了些"真实瞬间"。

还好，我的委托人——这位 FTSE 的首席执行官没有出现这种情况。他一整天都热情高涨、积极兴奋。他气场强大，每次走进办公室，就仿佛有 20 个人陪同一般。交谈时，即便话题稀松平常，他也总会温柔回应，真诚以待。结束当天的行程后，我们回到了车里。我好奇地问道："你如何做到一整天都这么兴致高昂？"看到我一脸疑惑，他反而备感震惊。"当然是因为我对这些事

情感兴趣啊！"他回道。听后，我不由地为质疑过他感到无比惭愧。

本章重点探讨多元化的领导形象。众所周知，有这样一类特殊群体：他们承诺确保安全稳妥，不断寻求回报，满足本能脑的两大需求，吸引我们本能地拥护他们。他们就是领导者。因此，本章将探讨领导者究竟是如何做到这些的。

谈及吸引人心，我们可以从多方面入手探讨领导者的特质。但我将在本章重点讨论三大关键特质。一名优秀的领导者必须气场强大、真挚诚实、充满魅力。

> 一名优秀的领导者必须气场强大、真挚诚实、充满魅力。

气场强大

纵观历史，伟大的领导者似乎都气场强大、令人敬畏，只不过彰显气场的方式不同。一些领导者采用气势雄浑的名号来武装自己，如征服者威廉、狮心王理查一世、亚历山大大帝等。一些领导者运用神情动作来彰显强大气场，比如美国前总统乔治·沃克·布什（George W. Bush）处事自信，昂首阔步；约翰·肯尼迪常常摇动手指来表明态度。当然，还有一些领导者谈吐自信，会在言语之间突出强劲气势。例如，英国前首相温斯顿·丘吉尔曾发表激昂演讲，大喊道："我们将在海滩上战斗！"；南非前总统纳尔逊·曼德拉慷慨声称："这是我为之牺牲也在所不辞的事业。"另外，有的领导者本身就体魄强健，足够强大。不少领导者彰显运动员风范，苹果公司的首席执行官蒂姆·库克（Tim Cook）每天凌晨 5 点就会起床锻炼等。

并非只有身强体壮才代表实力强大。丘吉尔、约翰·哈维·琼斯、亨利八世等不少领导者都缺少强健的体魄。尽管如此，他们依旧像斗牛犬一般令人生畏。你一定不敢轻易招惹他们。而这一切恰恰都符合本能的需求。众所周知，领导者必须全力拼搏，为民出战，从而确保群众安全，免受外界威胁。因此，他们是否身强体壮无关紧要，作风正派、气场强大才是王道。真正重要的是领导者的气度与风范，而非身体能力。这似乎有些肤浅，但这就是评判领导者的方式之一。1960 年，尼克松和约翰·肯尼迪角逐总统宝座，展开了一场激烈的辩论，为美国历史留下了浓墨重彩的一笔。当时，收音机听众都认为尼克松会赢得宝座，电视观众则认为约翰·肯尼迪略胜一筹。群众之所以出现意见分歧，是因为他们两人的外在形象不同：约翰·肯尼迪皮肤黝黑、身躯修长、体格健壮；而尼克松身穿松垮、不合身的西装，不修边幅，还大汗淋漓，不停地晃动。相比之下，约翰·肯尼迪看上去更为强势和威严有力，最终约翰·肯尼迪成了总统。

伟大的女性领导者也要气场强大。女王博阿迪西亚（Boadicea）、布里塔尼亚（Britannia）、圣女贞德（Joan of Arc）、埃及艳后克里奥帕特拉（Cleopatra）等，都是如此。

还记得撒切尔的经典形象吗？她坐在坦克顶上，戴着弧形头巾，看上去和矗立在威斯敏斯特大桥（Westminster Bridge）边的博阿迪西亚雕像并无两样。

撒切尔树立了一个充满力量、雷厉风行的英雄形象。尽管事实上，她跟内阁里任何一个号称"自由派"（wets）的成员掰手腕，都必输无疑。在领导力语言中，是否身强体壮无关紧要，气场强大才是重中之重。领导形象主要是一种表象。撒切尔说话气息沉稳、嗓音低沉。她常常垫宽肩膀，脚踩高跟。即便这一切都是撒切尔刻意塑造出来的形象，但不得不说，她看上去就气场强大、作风果断。

领导形象主要是一种表象幻觉。

　　另外，声音也能体现强大的力量。我在前面提到过撒切尔通过压低声音来塑造强大形象的方式。声音低沉象征着气场强大。1960—2000 年，美国共经历了 8 次总统大选，其中，呼声较高并赢得群众选票较多的候选人都有着低沉的嗓音。[1]

　　有意停顿可以凸显强大的气场。在日常对话中，大多数人每分钟能说出 200 余词，而伟大的领导者往往将语速控制在每分钟 90 词左右。他们并非故意放慢语速，讲述冗长的语句，给人一种居高临下的感受。毕竟，要是真这么做，听众很快就会厌倦烦闷、焦躁不安。相反，他们会在论述每个观点时巧妙停顿，留给人们遐想和思考的时间。在正常谈话中，这种停顿可能会有些矫揉造作，让人感到不自然。的确，事实就是如此：任何停顿只要超过一分钟，就会沦为"尴尬无比的沉默时刻"。可是，这恰恰能彰显领导者的强大气势。

　　另外，领导者敢于独自站在演讲台上，面对万千听众，这就足以彰显他们的强大。想想现代 TED 演讲的情景就能明白：演讲者往往独自站在舞台上，亲身面对台下观众，而非躲在幕后，避免现场接触。他们站在那里，将自己完全展现在观众面前，告诉大家："这就是真实的我，请接受这样的我。"这种形象本身就是强大的化身。

　　确实，伟大的领导者通常独树一帜。这种孤独的气质会让我们本能地认为他们就是团队领袖。

　　领导者的确与众不同，这与我们的直觉相悖。人们普遍认为，领导者往往来自主流大众或当权派，但这种观点是错误的。真正的领导者通常会在主流之外操控全局。

　　史蒂夫·乔布斯、理查德·布兰森和鲁珀特·默多克（Rupert Murdoch）

1.　*Do we pick leaders based on their voice*?November 2011. Accessed 4/2/2015.

均可印证这一点：他们在整个职业生涯中，都曾置身事外。即使他们掌揽大权、腰缠万贯，甚至主导市场，也仍在不断调整领导形象。至少他们给人的感觉仍是反叛者，而非业内者。这并不是巧合，或许在某些情况下，他们早已违背某种规则。纵观全局，这些人都独树一帜，不太合群。

可是，我们会本能地关注这些局外人士。正因如此，那些与众不同的人出现在小组访谈节目中，总会引起热烈反响。例如，拉塞尔·布兰德（Russell Brand）或萨曼·拉什迪（Salman Rushdie）等人出现在英国广播公司的"问题时间"访谈节目中，总能收获观众最热烈的欢呼喝彩。约翰·莱顿（John Lydon）也参加了这档节目。他一出场，便获得了观众热烈的掌声。就连当时那最受欢迎的小组成员，都未曾享受此等待遇，为他送上掌声的观众人数也仅有约翰·莱顿的 1/7 左右。而且，即便约翰·莱顿废话连篇，乱讲一通，很多观众也毫不在意。

显而易见，局外人士必须足够强大，也要值得信赖。

真挚诚实

人们非常善于察觉说谎之人。我们凭借本能思维处理一切复杂工作，观察任何伪善迹象，然后发出模糊的不安信号。本能脑只要观察到某人言行举止较以往略有不同，就会做出判断。这样，我们便能及时察觉某人的不对劲。例如，如果有人朝你走来，一边张开双臂、敞开怀抱，一边面带微笑，主动说"很高兴见到你"，随后紧握你的手并热情摇晃，你会觉得这一切都非常美好。但如果有人嘴里说着"很高兴见到你"，双脚却朝向别处，那你就需要注意，这可能是一种警示信号：他们双脚朝向的方向，便是其心所向之地。因此，重点在于肢体语言必须同口头语言协调一致。如果这两者之间存在偏差，那肢体语言多为真实意图。

20 世纪 70 年代，梅拉宾（Mehrabian）教授进行了一项研究：当演讲者的说话内容与说话方式存在冲突时，人们会如何反应。他从口头交流和肢体交流两方面入手，分别评估了言语内容、语调、肢体语言在演讲中的重要性。最后，他发现，当口头交流与肢体交流存在冲突时，冲突因言语内容（如交流的话语）而起的情况仅占 7%，肢体语言和语调才是导致冲突的关键。这简直令人难以置信：这表示，我们说话的方式远比说话的内容重要。

> 冲突因言语内容而起的情况仅占 7%，而肢体语言和语调才是导致冲突的关键。

的确，这听起来有些牵强附会，所以，有些人早就质疑过梅拉宾的结论。但是先想想自己的亲身经历，再做出判断吧。例如，我如果察觉到露西有些不舒服，就会问她缘由。她要是紧闭牙关地回道“我没事”，那我就会清楚意识到，我一定做错了什么事情……（事实上，如果她看到了这段文字，我敢保证，她一定微微噘起了嘴唇。我再继续刨根问底，她还是会照常回答“没什么事”。）

这就说明：身为领导者，你必须清楚地知道，身体会出卖你。正如弗洛伊德（Freud）所说：“他的所见所闻都让他更加确信，生而为人，想坚守秘密，简直是妄想。尽管他缄默不言，但其指尖的慌张颤动仍会说明一切，甚至连他浑身上下的每个毛孔都会背叛他。”[1] 或者，就像罗阿尔·达尔（Roald Dahl）所说：“如果一个人思想肮脏，这一切都会在脸上展露无遗。如果一个人思想高尚，那他的脸就如阳光般灿烂，让他看上去总是可爱无比。”[2] 事实确

1. Sigmund Freud (1997), *Dora: An Analysis of a Case of Hysteria*, New York: Touchstone Books.
2. Roald Dahl (1980), *The Twits*, London: Jonathan Cape.

实如此。你无法阻止本能脑传达真实的感受，一切都是由心而发的。因此，请记住：如果你尊重他人，他人会清楚地感受到这份尊重和真心。反之，如果你有失尊重，那他人也会敏锐地察觉到。

通常来说，我们无法用肉眼察觉到这种言行不一，但本能脑总能精准地捕捉它们。哪怕我们用尽一切方法，拼命掩饰，也会在不经意间流露出微表情，或者在瞬息变化间，在万分之一秒内，流露出真情实感。例如，我在切尔西足球俱乐部（Chelsea Football Club）给 500 人做演讲，我可能会说"大家好，很开心来到这里……"但如果你录下我的现场演讲，再慢慢回放观看，你可能会发现，我曾在某 0.01 秒内满脸惆怅、焦虑不安。显而易见，我们无法完全控制真情实感：它们总会逃离禁锢，暴露无遗。

在这方面，警方调查人员就相当明智：的确，"微表情"一词最早就是由美国联邦调查局的调查员保罗·艾克曼（Paul Eckman）使用的。如果执法人员正在审问一名杀人嫌疑犯用刀做了什么，他可能会说："我压根没碰过这把刀！"但事实上，他的肢体动作可能早已出卖他：他可能会不自觉地抖动右手，这表明他曾将这把刀扔到了一旁。

因此，领导者务必诚实守信，这是最佳建议。然而，这么说还是有些矛盾。

有时，诚实守信很难做到，因为事实上，有些时候就连领导者都很难相信自己所说的话。在公共生活中，这种情况远比我们想象中发生的还要频繁。领导者代表团队或组织发言时，偶尔会说些连自己都不完全相信或理解的话。例如，有些商人对某种产品的特定广告词疑惑不解，但他们必须把产品当作继切片面包推出后最受欢迎的产品进行销售。这时他们到底该怎么做？

我在本章开头引用了法国哲学家马克斯·德索的一句话："要想说服他人，首先说服自己。"

一位政治家曾告诉我：英国民众可以原谅领导者犯错，但绝对无法接受他软弱无能、优柔寡断。

充满魅力

除了气场强大、真挚诚实，领导者还要充满魅力。本能脑会引领我们靠近这样的领导者。究其原因，我们必须繁衍生息、延续血脉，这合情合理。因此，富有活力对领导者来说至关重要。据说，在本书编写的那段时期，英国当时的三任政党领导者——埃德·米利班德、戴维·卡梅伦、尼克·克莱格（Nick Clegg）均已成家生子。这一点满足了本能脑对领导者的要求，进而明确这些领导者充满活力，有能力繁衍生息，延续国家血脉。

我们不太喜欢缺乏魅力的领导者。几乎没有哪个领导者蓬头垢面、皮肤粗糙，还不注意个人卫生。相对来说，领导者外貌出众，有眼缘是加分项。

实际的领导形象

如果你想从本书中获得让自己看上去气场强大、充满魅力的实用指南，那你就找错对象了。你如果想要寻求这方面的建议，还不如直接出门买一本《智族》（GQ）或《服饰与美容》（Vogue），再或者请一位私人教练，这些都会助你步入正轨。

我想说的是，有些事情真的对你有百利而无一害。买些舒服合身的衣服吧。新衣服不仅能提升气质，还能彰显地位，同时能刺激大脑分泌血清素——血清素水平与领导能力密切相关。因此，赶快行动起来！这可为购物消费提供了一个科学依据！

另外，我还建议你在日常生活中多锻炼、多运动，逐渐养成习惯。我的很多客户经常定期运动，如划皮艇、骑单车、玩三级方程式赛车等，这让我印象深刻。经常锻炼没什么坏处。众所周知，内啡肽让我们感到轻松愉悦，所以不必担心，这不会损害健康。你需要证明，你可以照顾好自己。只有你能照顾好自己，你才能体惜、爱护民众；如果你自顾不暇，那民众一定会质疑你的领导能力。生病的代价太大，你有可能担负不起。

我记得我曾经参加一位首席执行官同其顶级团队的管理层电话会议。当时，会议进行到一半，这位首席执行官突然咳嗽，持续了 10 ~ 15 秒。这个过程简直太折磨人了：400 个人在电话另一头等他咳完，继续讲话。电话会议持续了两小时，但大部分人都只记住了那阵咳嗽。这是领导者需要挂心的事情：领导者必须时刻保持健康。

关于真挚诚实，我还可以提供更多建议：领导者要想让他人信赖自己，最简单的方法就是自己先深信不疑。只说自己确信的事情。不要自欺欺人，给自己疯狂洗脑，自认为可以一言得而天下服。事实很可能远非如此。真相终会大白，谎言终将被戳穿。因此，如果你迫于形势，不得不说些连自己都无法相信的事情，那么在真情流露之前，请尽量少费些口舌。

> 不要自认为可以一言得而天下服。事实很可能远非如此。

举个例子，假设你真的对团队中的某个成员非常不满。现在，请设想以下情景：有一天，他来到你的办公桌前，充满歉意地说："告诉你一个坏消息，因为我找到了另一份新工作，所以我要辞职了。"当然，你会发自内心地高兴和激动，但你知道你不仅不能表现出来，还要给予正面回应。于是，你回答道："哦，这实在是太糟糕了，我们肯定会非常想念你的。"但是，你也会因这个弥天大谎而备感压力，面露难堪。这表明，本能脑虽胆小怯懦，但还是忍不住坦露了真情实感。这样一来，对方也就发现了你正在说谎。当然，你也清楚地自知，那是谎言。这就陷入了尴尬的局面。

那么，你该如何避免此类情况呢？尝试说一些比较接近内心真实想法的话语吧。这样，你才可以自然而然地微笑以对。你可以回答："好消息啊，这对你来说简直是天大的好事，你以后一定会飞黄腾达。现在多跟我说说新工作的事情吧，你有没有感到很兴奋？"你既没有说谎，又坦露了真心——你确实非常开心。

形象对领导者很重要。另外，领导者为人处世必须有明确的目标，我将在下一章重点阐述领导力语言的目标。

3 内在目标

"没有一种聪明的鱼出门是不要海豚的。"

——《爱丽丝漫游仙境》，刘易斯·卡罗尔

无论何时我去参加会议或活动，总有一些人能够吸引他人注意，成为焦点，而他们的方式总让我大吃一惊：他们似乎有神奇的魔法，周身环绕微微魔音，所到之处定会让人活力四射、充满力量。他们发言时，所有人都安静聆听。无论他们走到哪里，其他人都紧紧跟随。你很清楚我所谈之人的真实情况：你甚至无须转身，就知道他们站在身后，受万人簇拥。这类人是天生的领导者，他们的一言一行都充分体现了领导力。他们与那些蜷缩在角落、只顾喝茶、吃饼干的普通男女截然不同，毕竟，领导者非常清楚他们因何而来，又在做什么。他们心怀远大目标，而目标正是领导力语言的关键要素。

那些目标明确的人士能够自然而然地吸引本能脑的注意。目标明确的确是一种吸引人心的特质。我敢跟你打赌，你肯定记得身边的朋友或同事干大事的场景，比如跑马拉松、创业、爬山、建房或其他诸如此类的事情。他们在追求目标，为之奋斗时，不正在散发吸引人的魔力吗？

我们关注目标明确的人士，其原因很简单，也很合理：他们最有可能确保群体安全，引领国家进步与变革，推动国家发展。因此，本能脑会促使我们提供支持，拥护和追随他们，而这主要通过 3 种方式得以实现：第一，目标明确的人士能够激活我们的镜像神经元；第二，他们灌输给我们一种目标感，激活奖励系统，刺激大脑释放多巴胺；第三，我们会感受到彼此间距离的拉近，产生亲密关联，从而刺激大脑释放催产素。

> 目标明确的人士能够激活我们的镜像神经元。

最终，我们会开始效仿他们。如果你想了解整体经过，请在网上搜索视频——"人们在萨斯科奇音乐节上开舞会"。你会发现，一个人怀揣着目的高调跳舞，而其他人都略显茫然，漫无目的地四处走动（就像很多人在音乐节上的表现）。起初，几个人聚到他身边，效仿他跳舞。不久，几十个人也纷纷效仿。再然后，队伍渐渐变得庞大，几百人簇拥着他，自由地舞蹈。他还没搞清楚状况，整个音乐节的人就都开始模仿他那茫然无措又略显疯狂的舞蹈动作了。无论你是否喜欢跳舞，看过这个视频后，你都会备受鼓舞。

这就是目标的力量。目标明确的人士可以推动事情的发生。如果身边所有人都漫无目的、缺乏目标，那整个环境便如一潭死水，毫无生机。于是，领导者主动介入，填补了这份空白。因此，问问你自己：你的目标是什么？

伟大的领导者往往拥有远大的目标或使命

伟大的领导者往往拥有远大的目标。这个目标不断激励他们，也鼓舞他们身边的每个人。这意味着，领导者发言时信念坚定，就像拥有一种与生俱来的强大力量，让他们自信又坚决。他们心怀长远目标，听从内心指示，坚定地奋斗。在亚洲文化中，人们称这种力量为"源"（hara）或"气"（chi）。在英语中，我们可以将其理解为勇气或使命，它引领人们不断前进。事实上，研究发现，很多领导者都将工作奉为"使命"，[1]而非单纯的工作业务。

可是，你该如何找寻远大目标？大多数时候，你只要简单地说出想法，阐明看待问题的方式，便可以确立目标。

确立目标

我给你讲一个古老的故事。有个人经过建筑工地时，看到三位工人在砌砖筑墙。于是，他走上前问工人们在做什么。第一位工人回答，他正在砌砖。第二位工人表示他在筑墙。第三位工人则解释称，他正在建造一座美丽的教堂，未来几百年，人们都可以来这里虔诚礼拜。你觉得哪位工人过得最为艰辛？你又觉得哪位工人最享受这份工作？而哪位工人会在工作结束后，兴高采烈地回家？

虽然这个故事有些久远，但它寓意深刻。身为领导者，你有责任确保人们乐于工作，并心满意足。他们坚守岗位、兢兢业业，并非出于仁慈或施舍，而是为了充分发挥自身的价值，造福国家。人们相信自己正在为实现远大目标而奋斗和做贡献时，会全心全意地投入工作。实现远大目标是一个巨大的奖励，也正是领导力的意义所在。

但是，远大目标又是什么？在政界或商界，这并不总会立竿见影。毕竟，

---

1. Alvin Ung (2012), *Barefoot Leader: The Art and Heart of Going That Extra Mile*, Malaysia: August Publishing.

任何公司的法定宗旨和目标都是"为股东谋得最大化利益"。[1]同样，诚实来说，大多数政党的执政目标均为获取权力和掌握权力。而这些目标缺乏情感，无法让人产生共鸣，因此大多以失败告终。伟大的领导者需要追求意义深远的目标。

> 伟大的领导者需要追求意义深远的目标。

有一个著名的故事：20 世纪 60 年代，人类正在实施登月计划。约翰·肯尼迪前往美国国家航空航天局了解工作进展。他在那里见到一位身穿白色外套、头戴白色帽子的人。于是，约翰·肯尼迪停下脚步，问他在做什么。这个人回答："我正在帮助人类实现登月计划。"听后，约翰·肯尼迪笑容满面，接着问："真不错，那你具体做什么工作？""哦，"这个人回称，"我是 D8 区的门卫，我要去换班了。"

人类登月计划确实伟大，鼓舞人心：它深入任何组织阶层，上至管理高层，下至后勤基层，能激励人们产生共鸣。这个目标之所以行之有效，是因为它不仅意义深远，而且生动形象，引人共鸣。它能刻画出清晰的意象，将其深深嵌入本能脑。人类登月计划当然不是所有组织的共同使命，但是每个组织都应该找寻适合自身特点的远大使命。这个使命需要从长计议，在满足情感需求的同时，与每日的短期任务紧密挂钩，即从平凡目标出发，经过日积月累，逐渐过渡到崇高愿景。

你如果想要见证实际案例，可以多多了解葛兰素史克、联合利华等公司。这些公司的员工都有强烈的使命感。葛兰素史克希望避免差错，拯救生命。埃博拉病毒肆虐全球时，整个世界都在全力以赴，寻找治疗方法。葛兰素史克背负着重大使命，公司上下日夜奋战，只为攻克难关，治愈疾病。

---

1. 详情见英国 2006 年颁布的《公司法》。

联合利华也充满使命感。你知道全球平均每天有 5000 名不满 5 岁的孩子，因疾病或恶劣的卫生状况而不幸离世吗？联合利华全体员工都非常清楚这一事实，因为他们的使命就是将这一死亡数字成功减半。他们如果能让更多的孩子用上肥皂洗手，就能拯救成千上万条生命。因此，人生在世，你希望做些什么呢？拯救生命或只是售卖肥皂？

公司就是通过这种方式来找寻使命的，领导者也由此带动人们，让人们全力以赴，发奋工作。大量研究表明，人们明确了事业背后的崇高目标，便会更加努力地工作。[1]20 世纪 80 年代以来，世界奉行“企业社会责任制”。在这种制度下，一些公司只要时不时在当地项目中有所投资，就更容易为所欲为，做些败坏道德的事。如今，我们早已从这种陈旧模式中跳脱出来，统筹兼顾商业目标与道德责任，充分发挥二者价值，为了企业与世界的发展，谋求更加伟大的成果。

伟大的领导者对此一清二楚，并始终将其践行到底。亨利·福特的使命是“让汽车大众化”——让全球每个人都可以拥有一辆汽车。“日常性别歧视项目”（Everyday Sexism Project）的创始人劳拉·贝茨（Laura Bates）认为，她的使命就是在全球普及性别平等的观念。以上目标都崇高远大、鼓舞人心，而这恰恰是我们想在领导力语言中确立的目标。

确立目标的诀窍在于，基于战略目标，找到与之相关的最大情感目标。请不要畏惧和退缩：目标越大越好。吉姆·柯林斯（Jim Collins）表示，领导力目标应该“崇高远大、艰险刺激、大胆无畏”。[2]披头士乐队（Beatles）从未

1.　Dan Pink (2010), *Drive: The Surprising Truth About What Motivates Us*, Chatham: Canongate.

2.　Jim Collins and Jerry Porras (1994), *Built to Last: Successful Habits of Visionary Companies*, London: HarperBusiness.

说过想要成为利物浦最知名的乐队，他们希望成为"顶尖中的精英"。

一个机构确定好一个崇高的目标，并加以包装，可以创造意想不到的惊人效果。因此，赶快去寻找你的目标吧，然后找到它与组织的关联，从而确保组织中每位员工都能明确目标并为之奋斗。

展示目标进展

仅仅提出远大目标还远远不够，人们还必须看到目标有所进展。

> 人们必须看到目标有所进展。

回想一下大山中的另一个自我。远处的黑莓丛林若隐若现，激励着我们继续前进。我们不断靠近，景象也越发清晰。于是，大脑不断释放多巴胺，促使我们大步向前。本能脑似乎内置了一个巧妙且智能的奖励系统，确保我们在漫漫旅途中，不会因为疲倦而瘫倒在地，并激励我们不断追求奖励。但这一切都基于视觉信号，即我们需要看到过程有所进展，而非徒劳无功。

因此，领导者需要清楚地描述目标，并明确展示出实际的目标进展。有了进展，人们才会积极进取、充满动力。据我所知，某家大型零售公司每次召开内部会议，都会先从顾客反馈入手，了解顾客从公司服务中获益的情况。这样一来，所有员工都会更加关注顾客利益，不断激励自己努力工作。由于多巴胺的存在，会上所有员工都无比兴奋。

英国开放大学（Open University）的副校长马丁·比恩（Martin Bean）魅力非凡，常常公开谈论他的雄心壮志——让全球每个人都接受良好的教育。他的演讲振奋人心，激起了听众的巨大热情。马丁·比恩在演讲中谈及了众多案例，表明英国开放大学丰富了人们的生活，并提高了人们的生活质量。你会发现许多听众眼里充满喜悦。

在上述两个例子中，我们都看到了实际的目标进展。只有这样，我们才能继续前进，为之奋斗。这就像完成待办清单中的事项一样，我们每次都能从中获得极大的满足感。随着这本书字数的不断增加，我总会受到激励，继续写下去。伟大的领导者会为员工设定合理可见的进展目标点，激励他们积极地向该目标点奋进。

十来岁时，我做过一段时间的电话销售。这份工作的氛围就相当鼓舞人心。当时，我跟其他 20 名青少年挤在伦敦国王十字街区（London's King's Cross）的一间房里，不停地给电话簿上的顾客打电话。每拿下一笔订单，我们就记录到一块巨大的白板上，以便清楚地了解当下的工作进展情况。通过记录，我们可以知道自己的良好表现，明确当前的销售金额（赚取的钱都是佣金），知晓剩下的目标金额。我们的目标是一天卖出一单，即每天需要接受 300 次拒绝。但是，我们丝毫不在意那些拒绝，因为销售额上涨就足以让我们兴奋不已了。究其原因，大脑在不断分泌多巴胺和血清素，因此，我们会感到格外快乐。

无论目标如何，人们都必须看到进展（见图 3.1）。如果目标太遥远，人们便会与之渐行渐远。在过去几年里，我见过太多的远大目标最终化为乌有……2000 年，欧盟在里斯本峰会上宣布，其生产力将在未来 10 年内同美国并驾齐驱……起初，这个目标简直令人振奋，然而在后来几年里，欧盟的生产力基本没有取得什么实质性进展。见此状况，不少欧盟支持者丧失信心，纷纷离开。大脑的奖励系统不仅善于识别已获进展，还擅长查明未获进展。当大脑识别到未获进展时，它就会做出回应，给人反馈——与多巴胺水平升高带来的效果恰恰相反，这种反馈会让人垂头丧气。

图 3.1　奖励与目标

　　另外，人们还需要亲身参与。他们必须明白每日工作与远大目标有真实且密切的关联。如果他们发现，日复一日的工作已渐渐背离既定目标，那么他们极有可能远走高飞。我见过很多人曾经参与地方政治事务，但他们最终还是离开了政坛。他们认为，自己的工作跟政党取得的全国性胜利压根没什么关联。于是，梦想渐渐幻灭，他们失去目标，斗志衰退。

　　领导者需要给人们带来参与感和成就感，并带领大家实现目标，帮助大家梦想成真。对我这样的凡夫俗子来说，梦想非常单纯，不过就是希望喝上几瓶博若莱（Beaujolais），然后品尝美味佳肴。但领导者的梦想远不止于此。因此，人们选择追随他们。

　　20 世纪 80 年代，史蒂夫·乔布斯用一句永垂不朽的经典台词——"你是希望卖一辈子糖水，还是愿意就此同我一起改变世界"，劝说百事公司的高管约翰·斯卡利（John Scully）加入苹果公司。你认为约翰·斯卡利最后会做何抉择？你猜得一点儿没错。约翰·斯卡利和史蒂夫·乔布斯强强联手，一起打造了苹果品牌，取得了非凡成就。但很显然，尽管他们有共同的目标，但一直在如何实现目标方面存在分歧。这便引出了领导力语言下一章的重点——同理心法则。

4 同理心法则

"一次接触、一个微笑、一句善言、一次倾听、一句真诚的赞扬，甚至一个微不足道的关心，都很有可能改变生活。可是我们常常低估了它们蕴含的巨大力量。"

——利奥·巴士卡力

2010 年大选期间，英国首次举行了电视辩论。所有政党领袖都战战兢兢地发言，竭力让自己看起来英明一点。后来，经过大多数专家和民意调查人员的一致表决，尼克·克莱格在辩论中以压倒性的优势获胜。如今，人们总结了几条让尼克·克莱格脱颖而出的理由：第一，相较戴维·卡梅伦和戈登·布朗，尼克·克莱格的名气略逊一筹。因此，尼克·克莱格具备先决优势，更便于接触新鲜资源。第二，尼克·克莱格代表中间党派，这个地位相当关键，让他非常适合说服民众。第三，尼克·克莱格是三位竞选人中唯一一位努力与民众保持同心的人，这表明他会支持民众的诉求，不会损害民众的利益。这也是最关键的一点。

尼克·克莱格眼神坚定，他直勾勾地盯着摄像机，首先跟民众保证自己能够理解他们的感受。当时，他言语坦率、逻辑清晰，恰恰满足了民众的本能需求。紧接着，尼克·克莱格表示："虽然其他人一味反对，但我会坚定地支持大家。你们支持我，同我一起会非常安全。"

生存本能会自然而然地引领我们追随那些与我们阵线一致的领导者。这可以保证我们的安全，让我们远离危险。还有什么方法能更好地表明我们真正支持某人，而不只是说说？那就是拥有同理心。正因如此，同理心才在领导力语言中至关重要。

世界上最重要的人莫过于谈心之友

我们与他人感同身受，就会引发对方大脑产生一种美妙绝伦的化学反应——其体内会分泌催产素这种爱的激素。母亲在哺乳时会分泌催产素。催产素会给人营造一种难以忘怀的依恋感。交际需要是人类精神中关键的激励力量。如我所言，多人在一起时，人们会感觉特别安全。因此，如果领导者能够刺激人们体内分泌催产素，他们就可以收获广泛的支持。

> 人们与他人有所交集时，往往会多花 65% 的精力努力工作。

一项研究要求学生深入研究某位历史人物的生平史料。研究人员提前告知了 50% 的学生他们所研究的历史人物的出生日期，其他学生则未被告知。结果发现，这两类学生在努力程度和表现方面存在巨大差异，这令人大吃一惊。相比那些不知道人物出生日期的学生，已知晓的那部分学生会多花 65% 的时间研究该人物。因此，请不要低估依恋感的力量。人们与他人有所交集时，往往会多花 65% 的精力努力工作。[1] 但前提是你必须了解他人，否则，你无法与他人建立联系。

同理心

我们并非天生就善解人意。刚出生时，唯一重要的就是我们自己。科学家认为，人类从 4 岁开始才渐渐形成理解与欣赏不同观点的能力。在这个阶段，儿童尝试理解不同的观点，并做出判断，影响身边的人。

我们可以给孩子表演一场简单的木偶戏，来测试孩子的同理心。木偶弗瑞德在垫子下藏了一个饼干，然后离开了。另一个木偶克拉拉进来，抬起垫子，拿出饼干，放进了篮子，然后离开了。之后，弗瑞德回来了。这时候，请询问孩子一个问题：弗瑞德会去哪里寻找饼干？小一些的孩子（4 岁以下）回答"篮子"，因为他们无法理解弗瑞德不知道克拉拉做过的事情。而大一些的孩子（超过 4 岁）能够理解这个问题，然后回答"垫子"。

同理心因人而异。有些人同理心较强；但有些人堪称"心盲"，他们不能理解他人观点，无法感同身受。[2] 我曾经听说一位老板一连解雇了上百名员工。在那期间，这位老板对员工说："你以为只有你有难处吗？我还有 5 个孩子在上私立学校，等着我养活！"这就是"心盲"的极端案例。

西蒙·巴伦 - 科恩（Simon Baron-Cohen）研发了一款在线工具，用于检测人的同理能力。你只需要回答几个问题，就能得到同理能力测试分数。总分

---

1. David Brooks (2012), *The Social Animal: The Hidden Sources of Love, Character, and Achievement*, New York: Random House Trade Paperbacks, p. 134.

2. 出自西蒙·巴伦 - 科恩。

80 分，我一共获得了 52 分。何不尝试下类似测试，测测自己的同理能力呢？伟大的领导者需要理解不同的观点。他们如果缺乏这种同理心，便很难赢得人心。

艾伦·约翰逊是和我在白厅共事过的大臣中工作效率最高的那位。很多人表示，艾伦·约翰逊早该去竞选最高职位。他本人相当谦逊，表示自己更愿意让人们觉得，他是有史以来最优秀的大臣，而不愿留下"血腥灾难约翰逊"的名号。过去几年里，我与他见面的时间有上千小时，看着他针对各种各样的问题与形形色色的人斡旋谈判。我始终记得在谈判过程中，他脸上的那份高度专注：眼睛半眯，眉头紧皱，逐字逐句跟他人阐明立场。会议结束时，他总能完美总结每个人的观点，还能找到一个对所有人都有益的解决方式。没有什么问题难得住他。毕竟，他在那场英国是否引入大学学费的辩论中轻松获胜。（实际上，在那场辩论中，他跟查尔斯·克拉克联手展开了一场魅力攻势。有人说过，艾伦·约翰逊魅力四射，而查尔斯·克拉克攻势极强。）

有效的同理心始于倾听

> 倾听是一种领导技巧，但往往被人们低估。

倾听是一种领导技巧，但往往被人们低估。俗话说得好，我们拥有两只耳朵和一张嘴，应该按比例合理使用它们。但是做到良好倾听似乎没有那么容易。

有时，我会询问客户能否同意我录下每次的会谈内容。这一点至关重要，毕竟，我需要真正理解他们的观点。在每次交谈中，他们常常会偏离主题或转移话题，我很容易忽略其中的细微差别：我通常要听两三遍录音，才能发现这些差别。因此，第一遍听下来，我往往只能肤浅地理解他们的观点。

我知道，大家肯定也遇到过这种情况。我常常会聚集许多人，播放一段著名的演讲视频，来测试他们的理解能力：你会惊讶地发现，每个人的理解大相径庭，而且他们似乎只听清楚了少部分内容，其他大部分内容大概过耳即忘。这是人类交流中普遍存在的缺陷：在倾听他人讲话时，我们大多数时候都沉浸在自己的想法中，而忽略了他人的讲话内容。

如果你存在上述问题，请不必担心，我会提供帮助。你可以采用一些现有模式来提高倾听能力。你如果愿意，可以试试爱抚（CARESS）模式，它非常有效，具体如表 4.1 所示。

表 4.1　爱抚（CARESS）模式

集中注意力（Concentrate）	屏蔽背景噪声，忽略自身想法，把注意力放到说话者身上。
认可他人（Acknowledge）	和说话者进行眼神交流，认可对方所说的内容，包括复述对方所说的内容。
思考研究（Research）	提出问题，给出提示，鼓励对方继续发言。
控制情绪（Emotional control）	无论听到什么内容，请控制好自己的情绪和反应，让对方继续阐述观点。
感知信息（Sense）	感知非语言信息。观察对方的肢体语言，从而理解对方的重点意图。
梳理结构（Structure）	梳理对方的论证模式，试着对其进行可视化处理，比如构建思维导图。

如果这种模式对你没有帮助，那我给你提供一个见效更快且更容易的建议：设身处地为他人着想，先以他人为重，暂时忽略自己。忽略自己的判断、观点和反应，把自己想象成说话者。正如哈珀·李（Harper Lee）在《杀死一只知更鸟》（*To Kill a Mockingbird*）中写道："除非你钻进别人的身体里四处游荡……不然你绝不会真正了解他。"因此，试着换位思考。如果对方着实令人

厌恶，你实在不想在对方身体里停留片刻，请不必担心：你终将跳脱出来，回归现实。但是，在对方讲话时，记得换位思考，这能帮助你培养同理心和同情心。这二者都是自然真实的情感因素，它们有助于你成为优秀的领导者。

复述观点

一旦我们理解了对方的观点，便可以自行复述。人们喜欢听别人阐述自己的观点。我们非常需要他人的倾听和理解，尤其是我们尊重和敬佩的人，即领导者。这会加速体内催产素和血清素的分泌。

> 人们喜欢听别人阐述自己的观点。

有一天，我恰巧看到一位来自美国南方腹地的人在发表演讲。当时，她的演讲热情激昂，震撼人心。但起初，听众似乎对她充满敌意。因此，她便怀着同理心开始了演讲，即设身处地为听众着想。"我知道大家非常生气，我也知道大家对我们期望很高。同样，我非常清楚，大家非常担心自己及家人的未来生活。大家都要支付账单、照顾孩子、兑现承诺……"她就这样接连说了几分钟。这样一来，她成功将自己置于观众位置，为自己赢得了辩驳的权利。可是，如果她一开始没有将心比心、换位思考，她就无权为自己辩驳，更无法赢得人心。她需要做的就是打破听众的本能敌意，建立联盟，与听众构建统一阵线。

我们还可以利用第一人称，来加强这种联盟关系。我之前提过这一点，现在，我想列举一些统计数据加以例证：奥巴马使用第一人称复数（我们、我们的）的频率是第一人称单数（我、我的）的两倍。另外，他别无选择时，往往倾向于仅使用第一人称单数。例如，提及妻子儿女，或需要对某些事情负责时，他就会使用第一人称单数。这种细微调整能够极大地影响他的语言风格。

你试着对一群人说"你们所有人都必须多存钱"，然后观察后续效果。这听上去似乎在虚张声势、高谈阔论。然而，如果你说"我们所有人都必须多存钱"，这就让人感觉友善得多。顺便说一句，如果你不赞同上述观点，反而认为第一个版本更好，那我给你提个建议：永远不要从政，永远不要。

"我们"是领导力语言中最具力量的词语：一个最易赢得人心的方式就是使用"我们"，而非"我"。美国前劳工部长罗伯特·B. 赖克（Robert B. Reich）说过，他常常通过"代词"来衡量一个公司的运作状况：注意对方会用"他们"还是"我们来指代公司"。[1] 演讲撰稿圈里流传着这样一个笑话：要想在一场激烈的演讲中更易与听众达成共识，最简单的方法就是把问题全面摊开，用"我们"一笔带过。

性别与同理心

同理心是一种领导技能，有些人可能更易将它与女性联系起来。确实，与男性相比，女性大脑中与同理心相关的那部分通常体积更大。但这也存在例外：你会发现有些男性也非常善解人意；同样，有些女性无法轻松理解他人。但是，总体来看，女性的确比男性更善解人意。

我偶然发现了一个非常有趣的研究：深入探讨男性和女性对压力的本能反应的差异。提及压力，我们第一反应往往是"战斗或逃跑"，但神经学家表示，可能还存在另一种反应，即"照顾与扶持"。

---

1. James W. Pennebaker (2011), *The Secret Life of Pronouns: What Our Words Say About Us*, Pennsylvania: Bloomsbury Press.

该项研究共提供了 28 种压力情景。在其中 26 种压力情景里，女性更倾向于"照顾与扶持"，而非"战斗或逃跑"。[1] 我猜这意味着，在穴居时代，如果男人专注于消除威胁，女人则负责照顾家庭。我同样可以印证这一点。几年前，我和家人一起待在楼上孩子的卧室里玩耍，这时，楼下突然传来一声巨响——玻璃碎了。于是，我顺手抓起一个像武器的物件（洛蒂的巴斯光年娃娃……没错，就是它！这个娃娃体积较大，能拿来应对好多事情……），下楼查明情况。露西立马跟孩子一起蜷缩在地板上。下楼时，我发现一只鸽子透过窗户飞了进来……你发现，压力之下，我们会如何借助本能来应对了吧？

同理心强是领导者的优良品质。无论你是否天生善解人意，你都应该去培养这种品质。每个人都迫切地需要与他人交际。人们产生依恋感时，就会觉得很棒；但如果受到排斥，他们就会愤怒不已。我们常常在一些争论中感受到这种愤怒（如"你为什么不能好好听我讲话！"）。当然，很多政治演讲也不乏愤怒的情绪。例如，领导者在演讲中总是收到零散、缓慢的鼓掌声或挑衅的嘘声，甚至受到人身攻击（请自行搜索相关内容，看看领导者在演讲中究竟遭到了多少次飞鞋袭击——这种情况令人震惊，却普遍存在）。当然，在一些毫无意义的"参与会议"中，人们也会表露出愤怒的情绪。这种案例简直不计其数：如今，"参与会议"已经成为"不经审查就批准"这种恶劣行为的委婉表述。最糟糕的例子大概就是在桑迪·胡克小学枪杀案发生后，美国全国步枪协会（National Rifle Association）主席在其召开的记者招待会上表示："接下来的谈话非常严肃，我们不接受任何提问。"

因此，即便你不赞同某种观点，也请试着寻找共同点吧。你如果成功做到了这一点，便会给他人的生活带来一丝欢乐。说不定你还会让他们喜笑颜开呢！

---

1. Shelley Taylor (2002), *The Tending Instinct*, New York: Henry Holt and Company.

5 微笑法则

微笑是领导力语言中必不可少的元素。微笑让人充满魅力，备感放松。微笑让人快乐，可以激活大脑的情感部分。[1] 研究表明，别人微笑相待，我们很难不回以微笑。[2]

> 别人微笑相待，我们很难不回以微笑。

这正是微笑可以成就伟大领导者的原因。他们总是面带笑容，让周围人备感舒适。这样一来，人们对领导者就会好感倍增，想要回报他们：正因如此，大卫·弗罗斯特（David Frost）总能比杰里米·帕克斯曼（Jeremy Paxman）收获更多真知灼见。毕竟，采访时，大卫·弗罗斯特常常笑容满面，

1. S. Hazeldine (2014), *Neuro-Sell: How Neuroscience Can Power Your Sales Success*, Croydon: Kogan Page, p. 24.

2. M. Sonnby-Borgström (2002), Automatic Mimicry Reactions as Related to Differences in Emotional Empathy, *Scandinavian Journal of Psychology*, Vol. 43, pp. 433–43.

而杰里米·帕克斯曼总是充满敌意、虚张声势。

笑声

如果说，常常微笑待人的领导者就算是一名杰出的领袖，那么，要是他还能讲笑话，便可以称其为伟大的领导者。

有人曾针对《财富》（Fortune）500 强的董事进行深入调查。[1] 结果发现，幽默被认为是领导者的首要品质。幽默有助于达成交易：[2] 研究发现，领导者在谈判结束时插科打诨（如"好吧，我的最终报价是 6000 美元，再附赠我的宠物青蛙好了哈哈"），更有可能促进交易达成。另外，幽默可以打破不同人群之间的界限，拉近彼此的距离。

众所周知，幽默能够有效缓解社交紧张情绪。[3] 事实上，笑主要是一种社会行为。[4] 因此，相较于独处，我们在与他人社交时，往往有更多的机会笑，而且其比例约为 1∶30。[5] 如果你想要验证这一点，只需要前往鲍德斯（Borders）书店买本笑话书读读就好了。我敢打赌，你看到书里的某个笑话不会开怀大笑。但你如果找家酒吧，再听其他人讲相同的笑话，很可能直接笑得瘫坐在地板上。因此，人们在社交媒体平台写下"这也太好笑了"（Laughing out loud，LOL）时，很可能并没有发自内心地仰天大笑。AAA 这个缩略语可以更真实

1.　一项对 14 500 名人力总监的调查报告。

2.　出自理查德·怀斯曼的著作《59 秒：少一秒，心理学才更有魔力！》。

3.　S. Freud (2014 [1905]), *Jokes and Their Relationship to the Unconscious*, London: White Press.

4.　Daniel Goleman (2013), Primal Leadership: Unleashing the Power of Emotional Intelligence, *Harvard Business Review*, p. 11.

5.　该研究由美国马里兰大学心理学及神经科学教授罗伯特·普罗文完成。

地印证这一点。AAA 代表欣赏和认可，就算有人这么说，他也不一定真这么想。

本能脑促使我们发出笑声。开怀大笑有益于身心健康：微笑可以促进人体产生抗体，抑制压力激素的分泌，延长寿命。但令人难过的是，随着年龄增长，我们微笑的次数是年轻时的 1/4。因此，我们真的非常感激那些笑容满面的领导者。

请注意，这并不是说领导者要乱讲一通再无聊地哄笑。领导者要用微笑营造一种舒适的氛围，让人们摆脱压力，备感放松。

应对压力

在当今所谓的平等主义时代，领导者稍微大胆放肆些，可以有效地缓解尴尬气氛。很多领导者经常故作幽默，说些自嘲的话语来打破紧张气氛。表 5.1 列举了一些各行各业常用的自嘲式笑话。

表 5.1　自嘲式笑话

政治领域	我告诉母亲我想要从政，她极力劝阻我。她表示，字典对于"politics"的定义如下："poly"意为"不止一个"，"tics"意为吸血昆虫。
外交领域	外交大使接到过《时代》杂志打来的电话，询问他圣诞节想要的东西。他用官方回答称，外交大使收取出版社的东西，这实属不妥。但这位记者态度坚定，坚持要送他礼物。最后，他同意了，然后要了一个他能想到的最小礼物。后来，下一期《时代》出版了，其专题名为"领导者想要什么圣诞礼物"。纳尔逊·曼德拉想要南非人民获得自由，特蕾莎修女想要世界和平，而我们的大使阁下想要一小盒蜜饯。

（续表）

经济领域	一位经济学家、一位生物学家和一位建筑师在激烈讨论着神的真正职业。生物学家说："神创造了男人、女人和其他生物，因此很显然，神是生物学家。""你这就大错特错了，"建筑师反驳道，"在那之前，神先创造了天地。地球诞生之前，整个世界一片混沌。""的确，"经济学家附和道，"那你们觉得谁又最先创造了混沌世界？"

但请注意，不要过分自嘲。你仍需要心怀尊重。你可以适当自嘲，只需凸显出幽默感。你肯定也不想真的把不好的一面展现给大家。毕竟，自嘲与自贬仅存在细微差别。

幽默可以极有效地消除焦虑。从生理上讲，人在微笑时不会感受到压力。医务人员、消防人员、警察等都很清楚这一点。幽默可以消除工作焦虑，提高社会凝聚力，增添温暖气息。这也正是丘吉尔的笑话如此成功的原因：在英国局势极其黑暗时，丘吉尔正式上任，成为首相。当时那场战争形势已相当严峻，严重危及了英国的安全。很多英国人都非常喜欢一个故事：丘吉尔在上厕所的时候，他的私人秘书过来敲门，提醒他及时关注敌人的最新消息。而丘吉尔当即回了一句话——"坚持住！我没办法一心二用！我现在只能对付一坨屎！"这句话也成了他的经典发言。

1981 年，罗纳德·里根不幸中枪，但他也用幽默巧妙缓和了气氛。罗纳德·里根被推进乔治·华盛顿大学（George Washington University）的手术室时，茫然地环顾着四周，迷迷糊糊地跟身边的临床医生说："我希望你们都是共和党人。"主治医生安慰道："我亲爱的总统先生，请放心，我们今天都是共和党人。"

放松

领导者可以讲些笑话，让自己放松下来。多年来，领导者常用下列两个笑话来舒缓内心、活跃气氛。

故事的主人公是罗马格斗士安德鲁克里斯 (Androcles)。安德鲁克里斯多次在格斗中死里逃生，由此名气大振。他曾经多次与狮子共处，而且每次都活着回来了。狮子每次靠近他，他都会凑到狮子耳边低声呢喃，然后狮子便低声呜咽着退后了。后来，罗马皇帝将安德鲁克里斯召进王宫。"安德鲁克里斯，"他说道，"我实在忍不了了。我要知道你死里逃生的秘密。""这很简单，陛下，"他淡定地回道，"我告诉狮子，它用完餐后需要上台说几句话。"

大多数研究表明，人们最害怕的是公开演讲，其次才是死亡。这就很有意思了，难道普通人参加葬礼，宁愿躺在棺材里，也不愿发表悼词？

我已经听这些笑话几十遍了。可是，人们即便早有耳闻，还是会照常开怀大笑。如果你愿意，就使用这些笑话吧。如果不愿意，你可以准备自己的独门妙招。很多领导者都会精心准备两三个笑话，在招待会、晚宴或演讲开始前讲个不停。《巴特利特奇闻轶事》（*Bartlett's Book of Anecdotes*）这本书里就有很多幽默有趣的笑话。

每位出色的领导者都应该随时备好一个笑话。就连戈登·布朗都会在特殊场合下，说些笑话来调节气氛。

有趣笑话的秘诀

那么，怎样才算是真正有趣的笑话呢？许多研究也在探讨这个问题。在跟你分享发现之前，我必须提醒你，赏析笑话就如同解剖青蛙，你可能在这个过程中更加了解它们，但也不可避免地将其扼杀。因此，如果你希望保留笑话的神秘感，我建议你直接跳转至下一章。

> 一个有趣的笑话通常由两部分组成：惊喜和优越感。

一些研究表明，如果笑话大概有 103 词长，就更容易引人发笑。鸭子是最适合用于笑话中的滑稽动物。另外，人们在晚上 6 点 03 分讲笑话，最能惹人大笑。

专家表示，一个有趣的笑话通常由两部分组成：惊喜和优越感。惊喜源于笑点（这会刺激大脑分泌多巴胺），优越感建立在对他人的调侃之上（这会刺激大脑分泌血清素）。

关于优越感，我还想要强调一点：一些领导者认为，通过贬低听众来凸显自己的优越是一件很有趣的事情。这就大错特错了。听众反而会觉得这些领导者残酷无情。最稳妥的办法就是说些自嘲式笑话，把自己当作"笑柄"。这样一来，可以使听众拥有自我优越感。

另外，我们还可以通过列举业外人士来产生优越感。一些英国领导者往往拿法国人来开玩笑。例如，下面这个故事就非常有趣，但毋庸置疑，纯属编造：一位法国政治家在欧盟议会上发表演说，不停地说起"法国人睿智"（法语为"la sagacité Normand"）。可是，每次只要他提及这个词组，英国代表团就哄堂大笑。于是，他就不断重复这个词组。他讲一遍，英国代表团就笑一遍。原来，随着口译员不断重复，这个词渐渐从"法国人睿智"演变成"法国人弱智"了。

抨击其他群体可能会引人大笑，但这样做不合适，并且如果这件事情传到对方耳中，很可能会自食其果。约翰·路易斯（John Lewis）百货公司的总经理安迪·斯特里特（Andy Street）拿法国人开了些即兴玩笑，却遭到了新闻媒体的报道。法国总统对此不屑一顾，回应道："他大概喝多了吧。"[1]哎哟，自食其果。

笑话的设定与结局

笑话基本由两部分构成：设定与结局，如表 5.2 所示。

> 笑话基本由两部分构成：设定与结局。

表 5.2　笑话的设定与结局

设定	结局
18 年来，我跟我的丈夫是全世界最幸福的人……	直到后来，我们相遇为止。
你听说过驻扎在国外的那个伯明翰士兵吗……	他常常产生幻觉，以为自己回到了伯明翰。
一位傲慢自负的年轻大臣曾当着爱德华七世的面自称"我们"。爱德华七世表示，这世上只有两个人敢这么称呼，一个是女王……	另一个就是患有绦虫病的人。

表 5.2 中的所有笑话都具有一个共同点，即结局都体现在最后。这就是笑点，刺激大脑分泌多巴胺，然后，我们便笑了。因此，巧妙传达出笑点至关重

1.　Jim Armitage, John Lewis boss insults in two languages, *The Independent*, 4 October 2014. Accessed 4/2/2015.

要。我们在讲笑话时，要在笑话的设定与最终结局间适当停顿，这一步就像施加了魔力一般，将笑话推向高潮，引人大笑并达成"喜剧时刻"。要是故事本身冗长无聊，人们更应该精准拿捏设定与结局的分寸。这过程就像拉弓射箭一般，向后拉弓——向后、向后、再向后——然后"嗖"的一声，果断射出！

另外，因为黄金"三"法则可以提高人们的期待值，所以它可以有效地增强幽默效果。很多人一旦发现了笑话的三部分结构，便准备好开怀大笑了。这就是黄金"三"法则屡试不爽的原因。"耻辱啊，耻辱，他们通通给我了"当选电影史上最为搞笑的台词。当然，"英格兰人、爱尔兰人、苏格兰人"那个笑话也毫不逊色——威尔士人哪儿去了？究其原因，加上"威尔士人"会打乱整个句子的结构，因此，这句话略去了威尔士人。

检测笑话的效果

对领导者来说，没有什么比讲了一个蹩脚的冷门笑话更糟糕的了。这么多年来，我已经看过好多次尴尬的冷场了。我可以明确地告诉你：这让人感觉很窒息。无论如何，请避免这种情况。好消息是，我们可以用一种简单的方式来测试笑话的效果；试着讲出笑话，再看看人们会不会笑出来。如果他们笑了，这说明笑话有用；但如果他们没笑，就放弃那个笑话吧。另外，需要注意的是，这里的笑指的是因为笑话真的好笑，所以人们发自内心地开怀大笑，而非出于礼貌强颜欢笑。请确认他们是否真的在笑，甚至笑到喘不过气来。这便引出了下一章的内容——呼吸。

6 呼吸法则

每位父母都有育儿秘诀。他们非常愿意与那些愿意倾听的人分享经验。以下是我的秘诀：我的女儿们刚出生时，晚上难免不肯睡觉。我有一个小小的秘诀，可以让她们在几分钟内从啼哭不停的小坏蛋变成安静迷人的小仙女：我会把孩子紧紧地抱入怀中，故意模仿她们的呼吸节奏，然后逐渐放慢速度。我的胸口随着呼吸高低起伏，她们也是如此。不久，我们的呼吸就会同步，她们便渐渐入睡。

人们会自然而然地关注周围人的呼吸。尤其是跟权威人士相处时，我们更会主动调整呼吸，与其协调一致。这是一种生存机制：我们通过这种方式评估周围环境，检查其是否安全，并衡量周围人的情绪状态。这相当明智，不是吗？毕竟，如果周围有人气喘吁吁，我们就会启动这套机制，也跟着大口喘息。因此，每当这个时候，我们也许需要暂时跑开，躲避起来，甚至采取其他规避行动。这就是我们会本能地转换呼吸方式的原因。

> 人们会自然而然地关注周围人的呼吸。

因为我们常常依靠调整呼吸这种简洁有力的方式与人交际，所以领导者可以巧妙用之来影响和引导人们的情绪，达成预期效果。他们可以根据想要营造的情绪氛围，采取两种相反的方式实现目的：通过短而急促的呼吸引人焦虑；通过深沉平稳的呼吸让人平心静气，给人带来强烈的安定感。这两种呼吸方式都行之有效：人们处在极度焦虑或过于放松的状态时，更容易受人劝说。[1]利用呼吸来引导人们，是领导力语言的一大秘诀。

超短句：令人紧张不安

人们非常紧张不安时会自然而然地缩短语句，这是无法控制的事情。究其原因，本能脑借助这种方式吸收氧气，进入备战状态，准备逃跑等。因此，人们会呼吸加速，大口喘息。在这种状态下，如果他们还要迫使自己说话，说出来的就是短句。

这是真实存在的情况。有人目睹一些可怕的灾难后，随即接受了天空新闻台的采访。这时，你就会发现，受访者会不自觉地加速呼吸，缩短语句。"这太可怕了。只听'砰'的一声，亮光闪过，人们便开始拼命地逃跑，简直可怕至极。"他们真的会因为目睹灾难现场开始喘不过气，呼吸变得短促。

同样，受虐者的悲惨经历给他们留下了严重的心理创伤。因此，他们描述那段经历时，就会不自觉地用短句。"我感觉非常内疚。我大概有错，应该负责。这一切太肮脏了，简直难以启齿。"这些短句能自然地体现人们内心的惶恐不安。

领导者要想营造紧张不安的氛围，可以给民众一种喘不上气的感觉。营造出这种氛围后，他们就可以将这种情绪传达给其他人。古往今来，许多伟大

---

1. James W. Pennebaker (1990), *Opening Up: The Healing Power of Expressing Emotions*, New York: Guilford Press, p. 178.

的领导者掌握了这种技巧。这是一种古老的修辞手法。古罗马人称这种令人无法喘息的短句为"散珠格"。而如今，这种手法仍被广泛使用。托尼·布莱尔在早期演讲中，常常使用散珠格，比如"新工党，新英国""党派更迭，国家重生"。戴维·卡梅伦也钟爱这种手法："家庭支离破碎，学校衰败没落，贫困地区苦不堪言。"他们照着稿子讲，仿佛喘不上气，给人强烈的压迫感。

当然，还有一些领导者会强迫自己真正陷入无法喘息的状态。如果你想看滑稽搞笑的真实案例，请观看微软首席执行官史蒂夫·鲍尔默（Steve Balmer）的演讲视频。他在微软的销售会议现场，围着讲台不停地跑，让自己真的上气不接下气，以此激发人们的热情。

我们也可以利用其他技巧达成类似效果：据说，伊诺克·鲍威尔（Enoch Powell）为了确保在演讲中制造恰当的压迫感，演讲前不会去洗手间。这是古罗马通用的演讲惯例，听上去是个不错的策略，但如果你年事已高，这种方法可能存在很大的风险。

我非常喜欢《白宫风云》里的一个片段：当时，杰德·巴特利特（Jed Bartlett）的整个团队都非常担心他在总统辩论中表现得过于自满得意。因此，在他登台前 10 秒，艾比·巴特利特（Abby Bartlett）拿出一把剪刀，把他的领带剪成了两半。总统大怒。他怒气冲冲、面红耳赤，开始急促喘气，仿佛被另外一条领带扼住了命脉。随后，其他员工把他推上了讲台。他火冒三丈、愤怒不已、急促地大口喘气。现在，他要准备发言了。

超长句：舒缓心情，彰显自信

短句令人紧张不安，而长句让人平静。奥巴马拥有令人难以置信的强大肺

> 短句引人焦虑，而长句让人平静。

活量：他可以轻松地一口气输出 30 多个词。奥巴马呼吸缓慢平稳，就像狮子犯困时打大大的哈欠，可以彰显其超常力量和高度自信。奥巴马在这种呼吸节奏下，变得平心静气，也渐渐感染了周围所有人。

> 呼吸会出卖我们。

这种呼吸方式自然不错，但我们无法总是保持平静。有时，我们会想尽办法表现镇定，但呼吸出卖了我们。

最近，我跟一位同事一起工作，他工作得不太顺心。他需要为一家大型全球化公司效力，飞到世界各地，关闭旗下的办事处。他是一位非常自信的领导者，但他发现，在跟 250 多个即将失业的人会面期间，他会不自觉地加快呼吸节奏，变得焦虑不安。显然，原因很简单：他的本能脑察觉到了危险，"战斗或逃跑"的想法一闪而过。因此，他开始急促呼吸。可是，这就麻烦了：他表现出对抗情绪，与之交谈的人就会更加焦虑和急躁。于是，他避之不及的情况愈演愈烈。我们之所以研究他的呼吸方式，是希望他今后面临这种情况时，可以让人们恢复理智，平静下来。

如今，很多优秀的培训师与领导者共事，专门帮助领导者改善呼吸。有时，我还会邀请专业瑜伽培训师来我的领导力语言工作坊指导学员：瑜伽在训练学员的专注力和凝聚力方面效果显著。我已跟一名专业瑜伽培训师合作多年，并取得了卓越不凡的成果。下面，我跟大家分享一些诀窍。

第一，控制呼吸，学着用鼻子呼气，而非嘴巴。如果人们用嘴呼气，就会让人感觉呼吸急促、有气无力。

第二，用横膈膜呼吸。横膈膜就在胃部最底部，骨盆最上方。你可以勤加练习，加强对横膈膜的利用能力。网上有很多相关视频可以教你练习。锻炼横膈膜不仅可以帮助你改善呼吸，还可以帮助你矫正姿态，增强自信。我偶尔会做做这些练习。我在行动之前总会拖拖拉拉，但真正练习过后，就感觉好多了。

在写作中呼吸

经过证实，这两种呼吸方式不仅有助于呼吸讲话，也可以在书面交流中发挥强有力的作用。人们在阅读时，常常会在大脑中发出微弱的声音来表达一切。因此，这些呼吸技巧同样适用于书面交流。如今，越来越多的人进行对话式写作，且在广告中运用散珠格经常可以达成更好的营销效果。最近，我看到了宣传一个网站的广告牌，它完美展现了散珠格的强大效果："市场内外，一售而空。让我们打开香槟，开心庆祝吧。"

与其说这个例子与呼吸方式有关，不如说与写作风格有关。而写作风格正是本书下一章的重点。

7　写作风格法则

"文如其人。"

——古罗马名言

风格即实质

白厅内阁改组是一件激动人心的事情。作为内阁大臣的演讲撰稿人，你从来不知道他是否要调职；就算他要调职，你也无法确定他是否会继续与你合作。2007 年，我随艾伦·约翰逊从教育部门调到卫生部门。他刚上任时，我需要撰写好多大型会议的演讲稿和会议声明。我全身心投入这些会议，熟悉各个议题。这些会议可不得了：每位与会人员都在讲那些"可怕"的行话，不断提及"基准测试""协作""信标""可交付物""框架"等诸如此类的专业词语。我参加完其中一场会议，一边走出会议室，一边跟身边一位已在卫生部工作多年的官员说："我一点也听不懂。""哦，天啊！"她惊讶地答道，"太好了！原来不只有我一个人听不懂！"

我们的说话习惯和写作风格可以向观众传达各种各样的有关本质的信息，比如我们是谁、我们从哪里来等。一些人错误地认为，在演讲或写作中经常运用那些复杂难懂的行话更容易让人信服并认同他们的领导能力。然而事实并非如此。事实上，接受信息的一方往往感觉这些话语给人一种疏离感，而且毫无用处：任何语言成功与否的衡量标准在于它们对听众的影响。一段语言是否成功，主要取决于它是否对观众产生了影响。按照这个标准，上述会议中的那些发言都堪称失败，而且压根没有展现领导风范。

几年前，当时的英国海关与消费税局（HM Customs and Excise）发起了一项调查研究：随机挑选了一组公众，向他们展示了两封信，其中一封信语句冗长、专业术语繁多、行话连篇；另一封信语言简洁，虽未使用任何行话，但切中要害、句句在理。读后，让这些阅信者猜测每封信的作者资历。绝大多数阅信者认为，那封简洁清晰的信出自机构的高级官员之手，而那封冗长难懂的信来自某个初级官员。

这表明我们希望领导者使用简明的语言。领导者需要思路清晰、逻辑明确，并能够使用简洁的话语流畅地表达。另外，领导者还需要保持自信，敢于表达真实的自我。相反，那些对自己的地位缺乏安全感的人，往往希望从华丽的辞藻中寻求庇护和安全。阿德里安·莫尔（Adrian Mole）买了同义词词典后，开始在日记中撰写很多辞藻华丽却冗长烦琐的语句。而上述缺乏安全感的人就跟这有点相似。毕竟，他们都害怕挑战。

我花了大量时间分析人们的语言，不止一次地发现，与英语母语者相比，非英语母语者习惯使用更长的词语和句子。另外，我还发现这也跟社会地位密切相关：2010 年，我仔细研究了政治语言。结果发现，那三位语言最为精练的政治家都在私立学校受过教育，而其他语言极其烦琐的政治家都在国立学校接受教育。二者的差异令人震惊：后者使用的语句比前者的语句平均长 3 倍。

由此看来，那些急需证明的人会通过语言下意识地透露所需证明的事情。因此，我们可以领会一个简单的道理：你如果需要证明什么，就权当无事发生，正常发言即可。或者，再简单点说，听从一句古话：保持简单就好！

> 权当无事发生，正常发言即可。

优秀、差劲和拙劣的表达

我们中的大多数人每周会收到成百上千封邮件。我们没办法全部阅读，也无须全部阅读。相反，本能脑会像一名出色的私人助理，帮助我们过滤、筛选邮件，然后自动引导我们阅读一些有用的邮件，略过其他无用的邮件。在这个过程中，写作风格对评判邮件质量有着决定性影响。

看看下面这两封我收到的邮件。从某些方面来说，这两封邮件大同小异，发件人都来自全球化公司（脸书和沃达丰），且同步发给了各家公司的所有客户群。然而，这两封邮件的写作风格截然不同。你更倾向于阅读哪封邮件呢？

以下是脸书的邮件内容。

最近，我们拟对"数据使用条款"进行部分更新，便发布了产品的非正式版本。该版本的条款解释了用户在使用脸书时我们收集和使用数据的过程。另外，"权责声明"则解释了管理我们的服务体系时用到的专业术语。

这次版本更新将为您提供更多详细的业务信息。其中，此次更新的内容如下：

- 新增管理脸书信息的全新工具；

- 改进某些产品的名称；

- 提供管理时间表的建议；

- 提醒您哪些信息对他人可见。

为了确保今后"数据使用条款"和"权责声明"的更新，我们还改进了网址管理进程。我们非常重视您在评议期间给予的使用反馈，可是，我们发现，这套投票反馈机制仅仅激励了用户评论，增加了评论数量，但无法控制评论的质量。因此，我们打算终止这套投票反馈机制，并创造一个更有意义的反馈环境。我们还计划推出全新的参与渠道，您可向我们策略部的首席执行官询问相关产品的隐私保护问题。我们希望您可以再次阅读这些拟改进建议，并给予我们反馈。

没有问候语，更没有结束语。这是脸书发给每位用户的邮件。如你所想，此次工作进展相当不顺利。这封邮件刚发出几分钟，网络上便充斥着各种阴谋论，每位用户都想破解这些可怕行话背后的真正意图。大众对脸书的信任度一向不是很高，这次邮件事件更是让大众对脸书的信任度降至谷底。

对比以下沃达丰的邮件内容。

西蒙，您好：

您尾号为 6625 的手机号本月账单已新鲜出炉，共计 91.20 英镑。您可直接在线查询！

本月花销较以往有所增加。这可能是因为您比平时多打了几分钟电话，多发了几条短信，或者数据流量的使用超出了原本计划，又或者您拨打了"08"开头的电话或其他国际电话，甚至您有可能在国外使用了该手机号码。

您可在账单上查看已购买的套餐服务及套餐外服务。

祝好。

沃达丰客户服务团队

　　你看，这封邮件是不是好太多了？而且这封邮件显然更难写。这不是因为我的沃达丰账单上的消费额一直比预期的高很多，而是因为他们写得诚恳认真，我无法挑剔。这让我感觉，沃达丰就像我的朋友一样亲切友爱（当然，我知道自己很容易受骗）。

　　我相信，你的邮箱中一定也存在这些优秀、差劲甚至拙劣的邮件。快打开看看吧，看看你喜欢哪些邮件，又排斥哪些邮件。然后，分析那些受你喜欢的邮件，分析它们的共同特点，使其成为自己的风格指南并展现你的写作风格喜好。

　　以下是我喜欢的写作风格。

- 使用短词
- 使用短句
- 使用非正式文体
- 简洁明了
- 句意明确
- 使用主动语态
- 尽量不用副词和形容词

　　奇怪的是，我在校订本书的文稿时，又收到了一封脸书发来的邮件。这封邮件依然面向所有用户，但这次的写作风格较上次有了很大的改进。以下是邮件内容。

　　西蒙，您好：

　　我们希望告知您以下消息：我们将于 2015 年 1 月 1 日更新条款，并介绍与"基本隐私"功能相关的内容。您可直接阅读下方内容或前往脸书查看。

在过去的一年里，我们介绍了产品的全新功能和管理措施，方便您利用脸书获取更多有用信息。我们还听取了大家的反馈意见：大家希望明确我们获取和使用信息的过程。

如今，"基本隐私"功能将为您提供指南，引导您掌控隐私、规范设置，从而获得良好体验。我们还更新了术语、数据条款和缓存文件条款，以体现此更新版本的全新特点，方便大家理解条款和规范使用。我们会继续改进应用程序和网站上有关脸书以外的广告投放策略，并扩大用户的控制权，支持用户根据喜好决定是否观看广告。

我们希望上述更新能改善您的使用体验。我们的工作核心是保护用户隐私信息，提供有意义的隐私控制策略。我们相信，今天的公告就是其中重要的一环。

致以真挚的问候。

艾琳·伊根

全球首席隐私官

这样是不是好多了？语言精简凝练，省去了那些糟糕无聊的隐喻。此外，邮件末尾还署名问候了。他们仿佛读懂了我的心思……

如果你想更加了解自己的写作风格，可以充分利用一些在线资源。不过，最重要的是，不要害怕简化风格，更不要担心语言通俗化。语言越简单、越易理解，你就越有可能赢得人心。对任何

不要担心语言通俗化。

交流来说，理解都是基本切入点。请朝着一种风格努力精进。一项研究表明，在美国历代总统中，奥巴马的词汇最为简单……一些人还批评他太聪明了。

　　另外，写作风格还包含其他各种各样的元素，能影响他人对我们的认知。一些脑海里的"风格检测设备"能够对特定风格设置闪烁的警示灯。你对此是不是非常好奇？想要进一步了解吗？爱丁堡大学的科学家分析了邮件风格后发现，某些风格特征与神经密切相关。[1]例如，逗号和副词的古怪用法、句子以"嗯"（well）开头、多重感叹号和问号（？？？！！）等。当然，字体也可以传达信息。我的一位老朋友过去常常使用高亮的 26 磅 Comic Sans 字体来书写邮件，虽然我不确定她写邮件时在想些什么，但我总感觉她当时一定非常难受、恶心。Arial 字体的 12 磅字既美观又舒适，不会给他人带来任何不适的感觉。

　　这些事情似乎微不足道，却发挥着重要作用。人们对领导者的看法与评价会受到这些事情的微妙影响。此外，姓名也会影响他人的看法。因此，我们将在下一章重点研究"姓名"。

1.　Jon Oberlander and Alastair J. Gill (2005), Language with character: a stratified corpus comparison of individual differences in e-mail communication, University of Edinburgh. Accessed 4/2/2015.

8 名字法则

"给猫取名是件很困难的事情，这不仅仅是一款假日游戏。"

——T. S. 艾略特

一天晚上，我跟露西去餐厅吃饭。服务员走过来告诉我们，餐桌已收拾好，可前往用餐。这时，身边一对夫妻听到我们的姓是兰卡斯特后，立马凑到我们身边，开始向我们搭话。原来，他们也姓兰卡斯特，看年龄算得上我们的长辈了。于是，我们整晚都在闲谈，互相了解兰卡斯特家族在英格兰北方、威尔士、伦敦甚至其他地区的情况。在此期间，大脑不断分泌催产素，我们也感觉更加亲近……虽然我们并没有任何血缘关系，但姓氏将我们紧密地联系在了一起。

这就是洞察力。名字对我们非常特殊，我们会凭借本能自然而然地接近那些与我们同名的人群。我们深爱着自己的姓名，爱它其中的每个字母、发音和音节。

这似乎有些疯狂，但很多学者早就研究过大量名字。研究表明，我们更可能跟那些名字与我们有同音的人结婚。例如，我的姓名（Simon Lancaster）

首字母缩写为 SL，我妻子叫露西（Lucy），名字中含有 L。还有研究显示，我们也更倾向于买那些有与我们名字有同音的品牌。我购买的一个重要产品是三星电视（Samsung TV），品牌名字中包含 S。[1] 另外，研究还指出人们更愿意从事与自己名字相配的职业。[2] 我刚步入社会时，尝试过做歌手、作曲家、销售员、公务员等，最后才成了专职演讲撰稿人。

因此，名字会影响我们的人生道路，学者们喜欢用一个有趣的术语——"姓名决定论"来描述这件事。此外，现实生活中真的存在很多有趣的案例可以证实"姓名决定论"：尤塞恩·博尔特（Usain Bolt）是古往今来速度极快的短跑运动员[3]。伊戈尔·贾奇（Igor Judge）是英国地位极高的法官[4]。A. J. 斯普拉特（A.J. Splatt）博士和 D. 威登（D. Weedon）博士[5] 在《新政治家》（*New Statesman*）期刊上发表了一篇有关泌尿学的文章。[6] 当时，这类学科的研究是前所未有的，他们实现了真正的飞跃。

取名字

领导者的名字对第一印象有着至关重要的影响。无论我称自己为兰卡斯特先生、S. 兰卡斯特、西蒙·兰卡斯特、西·兰卡斯特，还是西蒙·约

---

1. David Eagleman (2011), *Incognito: The Secret Lives of the Brain*, New York: Pantheon, p. 62.

2. 此结论出自比利时心理学家约瑟夫·尼坦的研究。

3. 博尔特（Bolt）意为"闪电""冲刺"。——编者注

4. 贾奇（Judge）意为"法官"。——编者注

5. 斯普拉特（Splatt）与"泼溅"（splatter）相近，威登（Weedon）与"小便"（wee）相近。——编者注

6. A.J. Splatt and D. Weedon (1977), The Urethral Syndrome: Experience with the Richardson Urethroplasty, *British Journal of Urology*, Vol. 49, No. 2, pp. 173–6.

翰·兰卡斯特，都能传达出细微信息：这些名字虽然不足以惊天动地，但每一个都对我意义非凡。

因此，你是叫克里斯多夫，还是克里斯？是萨曼莎，还是萨姆？你大概从来不知道，名字也会让你大有不同。你以为史蒂夫·乔布斯最初就叫这个名字吗？如果理查德·布兰森一直叫迪基的话，他还会造就如此传奇伟业吗？名字究竟可以传达出什么信号呢？

如今，越来越多的领导者开始尽可能地简化自己的名字。现在，尼克·克莱格、埃德·鲍尔斯和埃德·米利班德这些名字早已家喻户晓，而大约50年

> 如今，领导者开始尽可能地简化自己的名字。

前，他们还只是叫尼古拉斯·克莱格、爱德华·鲍尔斯和爱德华·米利班德。简洁的名字更容易让人感觉平易近人。

20世纪60年代，安东尼·韦奇伍德-本（Anthony Wedgwood-Benn）放弃了世袭贵族的身份，给自己重新取名为托尼·本，之后便掀起了简化名字的潮流。托尼·布莱尔在政府管理中运用了"叫我托尼"的策略，进一步推行了这种简化方法。即便当时言语辛辣的专栏作家彼得·希钦斯（Peter Hitchens）仍称呼他为安东尼·查尔斯·林顿·布莱尔（Anthony Charles Lynton Blair），这股潮流也逐渐变得势不可当。

改名字

虽然更改名字看起来有些极端，但众所周知，事实并非如此。吉迪恩·奥斯本（Gideon Osborne）踏入政坛后将自己的名字改为了乔治·奥斯本（George Osborne）。这的确是一个相当明智的决定。现实情况就是，人们会凭

借名字评判他人。名字会给我们带来偏见，影响他人对我们的看法。曾经，有人专门研究过"哈里特"（Harriet）与"哈里"（Harry）这两个名字，发现人们认为叫"哈里"的人更有可能活泼热情、幽默风趣，而叫"哈里特"的人大概生性无聊、惹人讨厌。后来，这项研究广为流传，成为姓名研究领域的代表成果。

有些女性为了掩饰性别，选择了改变姓名，如 J. K. 罗琳（J. K. Rowling）、P. D. 詹姆斯（P. D. James）。对英国大多数女性而言，结婚时改名与否是一件令人焦虑的事情。

还有一些人会为了对抗种族偏见而改名。拉尼米德信托（Runnymede Trust）的研究表明，在招募新兵时，那些名字中含有民族特征的人在英国军队中很容易受到歧视。不为别的，只因名字。没错，我们应该竭尽所能，杜绝此类歧视，可是如果这种歧视戏码再度上演，我们应该灵活处理，确保自己获得胜利，全身而退。

记住名字

因为名字在我们每个人心里占据着特殊且重要的地位，所以领导者必须叫对他人名字。有人忘记或叫错我们的名字时，我们很显然会自觉地疏远他们。毕竟，这太伤人了。在 2015 年英国大选前夕，埃德·鲍尔斯参加了英国广播公司"晚间新闻"节目。当时有人问他，支持工党的那个商人是谁，他回道："比尔，那人姓什么来着……"

> 有人忘记或叫错我们的名字时，我们很显然会自觉地疏远他。

领导者在工作时，似乎有一种神奇的魔力，可以把所有人聚集起来，并准确记住他们的名字。这一点常常让我十分震惊。显而易见，这就是一种领导力语言技巧。我专门请教过一个在这方面表现出色的政治家，询问他的独家诀窍。

他告诉我：夸大人们的某个面部特征，再找到这个特征与其名字的关联。因此，假设你试图记住我的名字，那么，你可以直勾勾地盯着我的眼睛。然后，你要凭借想象，极端夸大并扭曲眼睛，把我设想成一个"眼睛人"。如果今后有幸再次会面，你会立即想起"眼睛人"。由此看来，只要凭借这么微小的一步，你就能准确地记住"西蒙"这个名字。

后来，我第一次使用这个技巧来记他人的名字，那效果简直难以置信。我参加完一场会议，居然一口气记住了 30 个人的名字。更主要的是，我还是在亚洲记住的。毕竟，亚洲人的名字对我而言无比陌生。

现在，我对这本书的第一部分做个总结：用技巧赢得本能脑。这些技巧无非就是把领导者当作提供安全感和实现成就的人。现在，让我们转到情感脑，详细探究赢得人心的方法。

第二部分

赢得情感脑

——满足人们的情感需求

导读

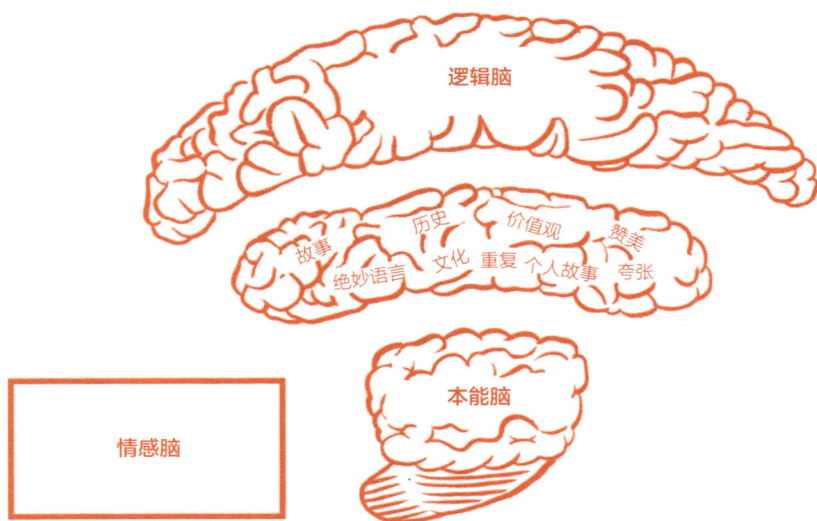

逻辑脑

故事　　历史　价值观　赞美
绝妙语言　文化　重复　个人故事　夸张

本能脑

情感脑

基于情感的领导力

领导力是一种情感契约。领导者满足了人们的情感需求，反过来，领导者赢得了他们的支持。领导者就是凭借这种方式，与追随者建立强烈的情感纽带的。你看看网上对史蒂夫·乔布斯的

> 领导力是一种情感契约。

唁文：素未谋面的人也悲痛欲绝。这就是一种情感纽带。又有多少领导者能够赢得这样的支持呢？

当然，情感需求因人而异。伟大的领导者深知这一点，并会给予相应的回应。这就能够解释，为什么领导者有点像马麦酱[1]：有人钟爱，有人讨厌。罗素·布兰德明确表达了一些人的愤怒情绪，从而赢得了不少支持。可是，还有一些人觉得他是个跳梁小丑。另外，像奥巴马这样的领导者，给数百万人带来了希望，可是依然有不少人讨厌他。不同政党利用不同的情感诉求来满足他们的基本需求：工党宣泄愤怒，自由民主党呼吁同情，保守党激起自豪。我们都有不同的需求。

人们一旦发现领导者可以满足他们的情感需求，就会义无反顾地追随他并为之付出。因为领导者承诺可以满足人们的情感需求，所以人们甘愿奉献和牺牲。他们在追求血清素、催产素、多巴胺等化学物质。他们期望领导者引领他们获得自信、获得他人理解、与外界产生联系。无论他们需要什么，领导者都会尽力提供。这便达成了交易。

可是，领导者与追随者的关系不会一成不变，更不会毫无限制：这种关系常常饱受考验，不断变化，任何一方都可以把它瞬间瓦解。契约被毁，两败

---

1. 马麦酱是英国的一种特色酱料食品。——编者注

俱伤。这时，情感便会逆转。希望变成愤怒，骄傲变成羞愧，激情变成憎恨。

　　一些领导者非常谨慎地对待这种情感联系，他们害怕冒险，希望只凭理性和逻辑赢得人心。这只是他们的一厢情愿，他们只是在害怕。

　　其实，情感不容忽视——情感是人类社会的基本组成要素。人类是感性动物，这一点无法改变。了解情感的强大力量可以为你带来巨大优势。在政界，能够建立更强情感联系的政党更容易赢得人心。[1] 而在商界，公司要与员工、顾客产生强烈的情感联系，这样才能取得成功。[2]

　　因此，本书将在这一部分带领大家深入了解情感脑。我们有时会产生各种反应，比如肚子中憋着一团火、胳膊上鼓起鸡皮疙瘩等。这些都是我们要在这一部分研究的内容。通常来说，要想达成这种效果，最简单的方式就是讲故事。

1. D. Westen (2007), *The Political Brain: The Role of Emotion in Deciding the Fate of the Nation*, New York: PublicAffairs.

2. Jill Dan (2012), *Emotional intelligence*, Croydon: Hodder Education, p. 7.

9 故事法则

故事的力量

你看过 20 世纪 80 年代的电影《伴我同行》（*Stand By Me*）吗？如果你看过这部电影，我敢打赌你一定记得以下情节。所有孩子围坐篝火，缩成一团，专心致志地听着戈迪讲戴维·霍根（Davie Hogan）的故事：霍根又叫"胖子"……这是一个悲剧。多年来，胖子由于体重一直受到所有镇民的嘲笑和折磨。直到有一天，胖子策划了一个邪恶的复仇计划来报复他们。他参加了当地的吃馅饼比赛。在参加比赛前，他生吞了一打生鸡蛋和一整瓶蓖麻油。当吃完一个馅饼时，胖子就开始反胃。随着馅饼越吃越多，他的肚子开始发出奇怪的咕噜声。最后，他吃到第五个蓝莓馅饼时，实在难受得忍不了了，吐得到处都是。被他吐到的人也开始呕吐，甚至有人吐到了市长妻子的身上。没过多久，所有人都大吐一通，赛场一片狼藉，原本的吃馅饼比赛，渐渐演变成了呕吐大赛。最后，胖子心满意足地回到了原位，安心地坐了下来。正义得到了伸张。

很多观众都记得这一幕。尽管这个故事纯属虚构，但观众不仅记住了胖子的故事细节，还记住了那种围坐在篝火边的温暖感觉。这让他们怀念起自己儿时的亲密和真诚。分享故事是最能体现亲密和真诚的事情了。

每个人都喜欢分享故事，自古以来便是如此。这可以追溯到史前洞穴壁画故事、古代神话、寓言故事等，延续至现代戏剧、博客和朋友圈状态。讲故事是人类默认的交流方式。听一群朋友聊天，故事不会太长，但会接连不断。65% 的对话都是讲述个人故事和闲聊。这些故事给我们带来欢乐。此外，我们还可以通过分享故事了解彼此，认清自己在这世界上的位置。

> 故事讲述者天生就带有一种权威。

正因如此，讲故事是领导力语言的重要组成部分。故事讲述者天生就带有一种权威。身为孩子，我们从父母、老师和长辈那里听取故事。几千年来，军事首脑、政界领袖和商界领袖都在不断地讲着故事。

从功能核磁共振成像结果来看，讲故事可以对大脑产生极佳影响。

人们在只聊天时（尚未涉及讲故事），大脑的两个重要组成部分——听觉皮层（与听力有关）和沃纳区域（与破解语言有关）会被激活。然而，人们在倾听故事时，功能核磁共振成像仪器给出了强烈的反应。故事越生动，大脑就越活跃。

人们在听故事时会积极主动地沉浸其中，而非被动参与。如果故事主角手中紧握一样物品，听众大脑的运动皮质就会兴奋起来，让听众感觉他们也在握着某样东西。如果故事情节略带悲伤，大脑的同理心区域就会活跃起来，让人们似乎也陷入悲伤，无法自拔。如果在故事情节里，房间里飘出刺鼻的气味，大脑中嗅觉部分便会兴奋起来，听众似乎真的能闻到一股刺鼻的气味。因此，我们可以通过讲述故事，给听众创造一个全新的世界，让听众能从中亲身体验主人公的种种遭遇。

我们还建立了故事讲述者与听众的强烈联系。普林斯顿大学的尤里·哈森（Uri Hasson）比较了故事讲述者与听众的大脑活跃情况。他发现，随着故事情节的推进，故事讲述者与听众的大脑同步活动。因此，我们在讲故事时，人们也透过我们的视角，真实地见证了故事的世界。

由此，股市才会拨动心弦，让人印象深刻。多年后，我仍然记得校长告诉我的故事。斯坦福大学的研究表明，故事远比数据令人难以忘却，人们对于这二者的记忆程度堪称天壤之别，对前者的记忆程度高达后者的 10 倍。[1] 故事不仅让人印象深刻，还有助于赢得人心。

> 人们对故事的记忆程度高达对数据的 10 倍。

举个例子。我参加了一场晚宴，身边坐着一位女士。她性格强势，从事保险工作。那段时间，我心情不佳，因为大概两周前，我被车辆故障保险单搞得心烦意乱，情绪无比低落。于是，我把这个故事告诉了那位女士：莫德是我们的一位老邻居，他来自西伦敦的梅达韦尔，性格可爱、为人友善，但不幸去世了。在去他葬礼的路上，车子抛锚了。我们被困在了距离目的地 120 英里[2]外的服务站里。我们拨打服务热线，寻求帮助时，才意识到车辆保险压根儿不负责此类故障。最终，我们错过了葬礼。

---

1. Chip and Dan Heath (2008), *Made to Stick: Why some Ideas Take Hold and Others Come Unstuck*, London: Arrow.

2. 1 英里约为 1.61 千米。

那位女士非常同情我们的遭遇，询问我买的是不是附加险。没错，当时我开通了银行账户，顺便购买了附加险。她无奈地叹了叹气，说道："购买这类保险时，你一定要小心谨慎一些。"她说，一些公司提供的保险毫无人情味，甚至连条款都漏洞百出。可是，她的公司与众不同：它不对外售卖附加险。虽然保险价格略贵一些，但客户可以得到更好的保障服务。她刚听说，最近一位客户忍痛报废了其心爱的福特卡普里跑车，却找不到其他心仪的跑车来顶替福特在其心中的地位，因此伤心不已。于是，一位索赔处理员淡定地四处搜集广告，终于为他找到了一辆近乎完美的心仪跑车。他们将这辆跑车交给那位客户时，他别提有多激动了。

这是非常典型的商务午餐对话，但你知道发生了什么吗？我们差点儿发生争吵。我说的大概是："保险业就是个大骗局。"而她反驳道："其实，这个行业并没有大家想的那么糟糕。"可是，我们通过故事论证，冷静客观地处理了分歧，没有发生一点儿争吵。这就是故事的作用：我们可以通过故事论证，心平气和地解决矛盾。一些神经科学家认为，故事的首要作用在于平息纷争，让人们以礼相待。[1]

对领导者而言，讲述故事可以达成众多目的。但我们如何创作一个优秀的故事，并让它永久流传？这就需要借助化学物质的作用：优秀的故事可以刺激大脑分泌催产素、皮质醇和多巴胺。

> 优秀的故事可以刺激大脑分泌催产素、皮质醇和多巴胺。

---

1. Antonio Damasio (2010), *Self Comes to Mind: Constructing the Conscious Brain*, New York: Pantheon, p. 293.

优秀故事的秘诀

我们来深入了解一下，这些化学物质究竟是如何发挥作用的。

- 杰出人物刺激大脑分泌催产素。无论你讲述原创故事，还是分享道听途说，听众都必须与故事主人公产生共鸣，这是催产素的产生原因。因此，必须确保听众与主人公建立密切联系。你需要尽可能地凭借感觉描述主人公的所见、所闻、所感，让听众感同身受，换位思考。[1]这就是电影中展现的画面：人物独自驾车，行驶在高速路上，伴着广播放声高歌。人们边看边想："哎呀，这不就是我嘛！"于是，大脑开始分泌催产素。

- 两难困境刺激大脑释放皮质醇。每个优秀故事的核心都在于两难困境——它能够吸引观众的注意力。这种困境可能是"我们反对他们"，或者"我该这样做还是那样做"等。实际上，困境如何，很多时候无关紧要，最重要的是，困境可以营造出一种紧张氛围，而冲突可以创造出解决问题的期望。

- 完美结局促进多巴胺的分泌。因为人们想要看到主人公解决矛盾，突破困境，所以他们总会听到故事结尾。于是，故事结局便刺激大脑分泌了多巴胺。然而，人们并不会永远等到最后，他们总有迫不及待的时候。因此，一个优秀的故事需要动力。大概 150 年前，德国理论家古斯塔夫·弗赖塔格（Gustav Freytag）提出利用"戏剧性弧线"理论来讲好故事。该理论共包含五个步骤：阐述、剧情推进、高潮、剧情回落和结局。

---

1. 出自 V. S. 拉玛钱德兰的系列书籍。
   V. S. Ramachandran (2011), *The Tell-Tale Brain: Unlocking the Mystery of Human Nature*, St Ives: William Heinemann.

我在前面的章节提到过一项研究，一群人观看了一个小动画故事。故事讲的是一个小男孩身患癌症，只能生存几个月，他和他父亲如何强忍悲痛、共渡难关。动画结束后，研究人员询问观众是否愿意慷慨解囊，捐钱帮助这对父子。研究结果如下：（1）那些没有产生皮质醇或催产素的观众没有捐钱，而那些产生了皮质醇或催产素的观众捐了钱；（2）产生的皮质醇或催产素越多，观众捐的钱越多。由此可见，故事真的可以改变人们的行为和态度。

可是，我还想提醒你：每位听众都会从故事中收获不同的反思。大家价值观不同，观点亦千差万别。因此，不同的人听到了同一个故事，可能得出截然不同的结论。

我在一次聚会上听到了一个非常悲惨的故事：一个住得离我不远的女孩计划周六晚上跟男朋友出门约会。但她要迟到了。她刚洗完澡，男朋友就已经到她家楼下，停车按喇叭催促她了。但她还有好多事情要做：吹干头发、化妆、穿衣服等。于是，她开始加快速度。几分钟过后，她男朋友明显不耐烦了，不停地按响喇叭催促。她担心吵到邻居，就进一步加快了速度。她急忙蹬上高跟鞋，迈步下楼。可是，她刚迈出步子，就在最高的台阶上绊了一跤，直接从 15 英尺[1] 高的楼梯上摔了下去。结果，由于脊椎受到猛烈撞击，她再也无法站立行走了。

确实，我跟露西到现在还会因为时间问题发生争吵。因为总是迟到，我们已错过好几次航班。因此，我把这个故事告诉了露西，顺便提了一下准时的问题。我询问了她的想法。她转头看了看我，叹了叹气，然后说："永远不要着急。"

---

1. 1 英尺约为 0.30 米。

10 个人故事法则

"没有什么比内心有个不为人知的故事更令人痛苦了。"

——马娅·安杰卢

当我们坠入爱河时，我们会感受到一种美妙的亲密时刻。我们会在这种特殊时刻分享个人的私密故事、一些未曾言说的事情，或者那些日常生活中的重要大事。在电影中，人们通常将这一时刻描述成这样的场景：人物在游乐场痛快地玩了一夜后，开着一辆红色凯迪拉克，来到了好莱坞山顶，彼此敞开心扉，畅聊心事。

在现实中，我们可能需要相处数月，才能真正达成这种关系。可是，领导者等不了那么久。他们需要立即与民众建立亲密关系，因此，他们直接省去相处阶段，一步到位。他们非常愿意与陌生人分享故事，而我们这些普通人，就算是面对治疗师，都会在分享故事与否这个问题上犹豫不决。

下面是 3 位领导者分享的个人故事。他们分别来自商界、政界和音乐界，有着截然不同的人生经历。

杰夫·贝佐斯

小时候，我常常去爷爷奶奶在得克萨斯州的牧场中过夏天。我爱我的爷爷奶奶，更崇拜他们。因此，我真的很期待这样的旅行。

有一次，大概 10 岁的时候，我坐在轿车后排的大座位上翻来滚去。当时，爷爷在开车，奶奶坐在副驾驶座位上，全程抽烟。我真的很讨厌那股烟味。

在那个年纪，我会想方设法做些小算术。当时，我正在听一则禁烟广告。我已经记不清它的具体内容了，只记得其主要意思是，我们每抽一根烟，就会减少两分钟的寿命。因此，我决定好好给奶奶算一算。我把头探到前排，自豪地说："奶奶，你已经白白失去 9 年寿命了！"

我原本以为爷爷奶奶会极力夸赞我的聪明才智，但没想到，奶奶大哭起来。我坐在后排，茫然不知所措。奶奶坐在那儿，号啕大哭；爷爷则沉默不言，把车开到路边后停了下来。他下了车，走过来给我开了门，等着我下车。

我之前从未跟爷爷奶奶经历过这种事情，所以压根无从判断事情的后果。我跟爷爷站在车边，他静静地看了看我。沉默片刻后，爷爷温柔平静地跟我说："杰夫，总有一天你会明白，聪明容易善良难啊。"

戴维·卡梅伦

谈到老年人，有一件事情最为重要：要知道，国家医疗服务体系始终为人服务。从上周工党会议开始，我们就听够了那些关于保守党和国家医疗服务体系的老套废话，传来传去都是那些彻头彻尾的谎话和谣言。

我就想啊，你们的胆子可真够大的。毕竟，工党揭发了英格兰斯塔福德郡中部医院的丑闻……老人要乞求才能喝到水，甚至还有老人由于护理人员的渎职不幸离世。

对我而言，这是私人的事情。我跟大众一样，非常依赖国家医疗服务体系——我们的家人也知道，国家医疗服务体系究竟有多么重要……可谁知道夜夜抱着孩子奔去医院的感受呢？你只有真正到了医院，才能明白这件事。到了医院，会有人像你一样无微不至地照顾孩子、爱护孩子。

所以他们怎么敢说我敢拿别人孩子的生命来冒险呢？他们又怎敢恐吓那些依赖国家医疗服务体系的人呢？唯一的解释就是：他们在党派会议上，用这套流言蜚语收获了欢呼与掌声。但坦白来说，他们真的可怜至极。

彼得·盖布瑞尔

我的学校种了很多树，其中有一棵郁金香树。那时，我想它一定是全国最高大的一棵郁金香树了。此外，操场周围还长满了灌木和其他植物。

有一天，一些同学把我抓到了灌木丛里，脱光了我的衣服，不停地攻击、虐待我。这一切对我来说太过突然了。如今，我之所以把这段经历说出来，是因为我后来发现，每次重返学校，我都会感觉自己浑身肮脏、惨遭背叛，还觉得羞耻惭愧。最重要的是，我对这一切无能为力。

30 年后，我跟来自智利的维罗妮卡女士邻座，一起乘坐飞机开启维护人权之旅。她告诉了我被折磨的感觉。毕竟，以我目前的特权地位来说，那是我唯一可以用来说明自己当时缺少人权的事情。我在那趟旅行中学到了很多，简直让我受益匪浅：虽然我对人权问题有点兴趣，但事实上，我一直觉得它是发生在与我不相干的人身上的事。

这些故事都各具特色，蕴含着强大的情感力量。同时，它们都具备三大基本要素：认同、压力和结局。首先，我们经历了叙述者的世界：我们感同身受。我们可以感受到杰夫·贝佐斯在后排闻到的烟味，深深折服于戴维·卡梅伦所描述的医院中的美好景象，还亲眼看到了彼得·盖布瑞尔的学校里的那棵郁金香树。这一切把我们带入了叙述者的世界，进而刺激大脑分泌了催产素。随后，我们开始感到压力，体会到了叙述者的悲痛与苦楚：贝佐斯奶奶的眼泪、那些重病孩子带给戴维·卡梅伦的心灵创伤、盖布瑞尔遭受的无情侮辱。这些压力促进了皮质醇的释放。最后，这些故事都以深刻的见解收尾："聪明容易善良难""我重视国家医疗服务体系"，以及"我们都面临相同的困难"。

这就是故事的作用，我们可以通过讲述故事，在短时间内与他人建立联系，感受他人的悲痛，分享他人的宽慰。我们非常钦佩他们公开讲述这些痛苦往事的勇气。

传奇的产生

个人故事可以造就领导者的传奇人生。每个美国儿童都知道乔治·华盛顿砍掉了他父亲的樱桃树，然后向父亲坦白："我不能说谎，爸爸！是我用小斧头把它砍倒的。"很多商人知晓理查

> 个人故事可以造就领导者的传奇人生。

德·布兰德在 1987 年死里逃生的经历。当时，他的热气球差点爆炸并坠毁。

这些故事让我们与领导者紧密相连。尤其是在当今社会，我已经见过领导者讲述五花八门的人生经历。奥巴马也曾提及自己的悲惨童年——与母亲生活在一起，从未见过自己的父亲。[1] 他过去常常陷入身份认同的斗争漩涡中，难以自拔。

这些个人故事令人难忘。因为，人们可以透过这些真实时刻，感受到真实淳朴、不加掩饰、诚实可靠的领导者，了解他们的真情实感。领导者向人们

---

1. 出自 2010 年奥巴马重返学校的演讲。

展示了脆弱的一面，让观众尽可能地认同他们。我刚成为演讲撰稿人时，要是客户突然偏离主题，去讲述个人故事，我一定会相当苦恼、沮丧。但如今，我确信个人故事就是最好的题材。

你如果想要看到叙述绝佳的故事，可以看看史蒂夫·乔布斯在斯坦福大学毕业典礼上的那段精彩演讲。他基本将自己的整个人生故事划分为三个阶段：刚出生便遭遗弃，而后被领养；惨遭苹果公司裁员，受尽屈辱；得知仅剩不到半年可活。整个故事贯穿出生、生活和死亡，描述了史蒂夫·乔布斯的坎坷一生。最后，史蒂夫·乔布斯以"求知若饥，虚心若愚"的经典名言结束了整个演讲。通过故事表达观点要比简单断言或让人们昂首观看 136 页的 PPT 演讲有效得多。

因此，举个例子，如果你想要人们集中注意力，为何不直接告诉他们，你曾经有段时间靠集中注意力做成了很多重要的大事呢？比如跑完了马拉松、写了一首歌、建造了一座房子等。再或者，你如果想让人们相信企业价值的重要性，为何不谈谈自己的个人价值呢？人生在世，你曾有那么一刻，意识到生命远比金钱重要吗？我已经见过不少领导者谈起濒临死亡的可怕经历，台下听众都听得如痴如醉。

这类故事能够创造出深刻的情感共鸣，而这种共鸣会让人们铭记不忘。神经学家表示，神经元一旦同时活跃就会

神经元一旦同时活跃就会连接在一起。

连接在一起。[1] 这就是著名的"赫布型学习"：把一些事情放在一起谈论，建立彼此的联系。因此，讲故事是为了表达观点。这样一来，人们不会忘记你的故事，自然也不会忘记你的观点。

1.　Donald Hebb (1949), *The Organization of Behaviour: A Neuropsychological Theory*, New York: Wiley.

你有什么故事呢

> 每位领导者都应该拥有可以讲述的故事。

每位领导者都应该拥有可以讲述的故事。可是，你该如何找寻自己的故事呢？让你讲故事，就类似摄影师拿着摄像机，拉近镜头对准脸部，然后让你"放松"。然而，人们非但不会放松下来，还会四肢僵硬，略显尴尬。因此，如果分享故事也让你产生这种感觉，你可以通过以下 3 个简单的步骤来放松舒压，打破僵局。

首先，拿出一张纸，画出人生曲线图。人生就像股价，试着在图纸上勾勒出起起落落。以时间为 X 轴，起落的变化范围为 Y 轴。现在，在波峰波谷处做些简单的标记，说明发生的事件，比如"伊莉斯出生""腿部骨折""父母离婚"等。

通过这些事件，你对自己和世界有了哪些新鲜认知？你发现了什么规律吗？例如，你可能发现阳光总在风雨后、重大危机往往推动变革、祸福相依等。再或者，宝宝的出生可能会给生活带来无限美好，但同样会伴随着艰辛、劳累。

其次，在便利贴上分别写下你的人生十大哲理，即世界上对你最为重要的事情。你不用过于悲观，可以设想"我如果时日无多，会给后代传达什么信息"诸如此类的情景。最近，我跟作曲家伊安·丹奇（Ian Dench）待了一天，想为女儿创作一首歌曲。但于我而言，要用歌词准确传达想法，还是备感压力的。当时，丹奇不断追问我："你究竟想要表达什么想法？"最终，我们的想法达成一致。我希望传达给女儿一种思想，即"每一天，每条路，都能创造独一无二的人生财富"。那么，你又想表达什么呢？试着总结出 10 条人生哲理吧（如"尽力而为""己所不欲勿施于人""不要轻易放弃梦想"等）。

最后，把以上两步合二为一，将人生大事与十大哲理结合起来。在你认为可能产生深远影响的决定性时刻粘贴便利贴。父母离婚反而激起了你强烈的责任感？这是为什么，又发生了什么？现在，让情景再现一下——我会设身处地去思考问题。告诉我你看到的一切及对应的解决方案。或许，第一个孩子的出生让你真正明白了同情的内涵？回忆当时的情景，说说具体的经过，让我感同身受。告诉我你看到的情景和当时你的反应与感受。你第一次亲眼看到自己的孩子时，做出了何种反应？

这些都是你自己的故事，其他人无法拥有。继续努力吧，总有一天，你会获得足够的故事来支撑人生十大哲理。这一切准备就绪后，你还应该拥有一本独特的领导力故事集。这些故事能够有力地阐释很多本质性问题，比如你是谁、来自哪里、为何而做等。你可以利用这些故事与人们达成种种情感共鸣，比如让人汗毛倒立、热泪盈眶或扣人心弦等。当然，你可以选择避而不用，单靠理性和逻辑赢得人心。可是，一旦最终决定讲述这些故事，你就会发现其中蕴含着神奇而强大的力量。

用不了多久，你将发现这些故事会让观众产生巨大变化。你刚开始讲述个人故事，观众就会高度集中，望向讲台，期待着故事的发展。现场情绪骤变：你将发现观众希望你知无不言，言无不尽。听了这些故事，观众会重拾自信；相应地，你看到了观众的反应，自然也会轻松不少，信心倍增。研究发现，自由讲述个人故事是多么畅快淋漓。[1]你无须害怕回忆过去：毕竟，往往早年的故事更能引人共鸣，打动人心。[2]正是童年时期的种种经历，才塑造了

---

1. James W. Pennebaker (1990), *Opening Up: The Healing Power of Expressing Emotions*, New York: Guilford Press.

2. 丹·P. 麦克亚当斯曾说："童年塑造了我们生活中的故事。"详情见：Adams (2008), *The Person: An Introduction to the Science of Personality Pyschology*, New York: Wiley.

我们的精彩人生。

　　我非常享受自己的工作。乐趣之一在于我可以帮助人们讲述他们的故事。我有时会在领导力语言工作坊中要求学员讲述他们的哲理故事，说明其带来的重要影响。有一次，我要求学员现场讲述一个故事，来阐明自己努力工作的原因。当时，一位名叫特雷莎·科特利茨卡（Teresa Kotlicka）的年轻女士站了起来，讲述了以下故事。

　　我在美国新泽西州的一个低收入移民家庭长大。家里一贫如洗，直到1996 年才迎来巨大转变。当时，一个名叫"新泽西种子"的非政府慈善组织资助我读完了中学。它改变了我的人生。正因如此，我经常参加它举办的筹款和募捐活动，想要力所能及地为慈善事业做些贡献。高三时，我坐在卧室地板上，周围放满了各种大学助学金宣传册。这时，我接到了金融服务业的一位知名高管夫人打来的电话。她和她丈夫希望资助"新泽西种子"，帮助贫困生完成学业。此外，她还特别希望亲自资助我完成大学学业。当时的我并没有意识到这会对我的未来产生如此重大的影响。这意味着我可以获得小额贷款，还有机会到法国南部留学。我到达学校后，便拥有了宿舍、计算机，以及图书馆的预付借书证。我知道，从那以后，我将跟其他同龄伙伴站在同一起跑线上，为了梦想努力奋斗，不甘落后。作为回报，这对夫妻要求我答应他们一件事情，即承诺待我未来可以独当一面时，我要义无反顾地帮助那些急需帮助的人。我一定会遵守这个承诺。

　　她真实地讲述了一段个人故事。毕竟，这是她的亲身经历。她时而声音嘶哑，时而呼吸急促。她讲完后，现场所有人都热泪盈眶，备受感动。随着故事的推进，大家早已感同身受。我们透过她的双眼看到了那个世界——地板上堆积着许多杂志；我们拿起电话拨通了她的号码。这就是领导力语言。此外，我还想告诉你，这位女士相当年轻，还不到 30 岁，但她一直尽其所能，投身于 13 岁时就承诺为之贡献的事业。

　　那么，你的领导力故事集中包含着怎样的故事呢？

11 文化法则

"除了食物、住所和友谊，故事是我们在世界上最需要的东西。"

——菲利普·普尔曼

每个家庭都有一本百谈不厌的专属故事集。这些故事可能令人开心，也可能充满悲伤。你会发现，每逢圣诞佳节，人们畅饮美酒后，就会不停地讲述故事，比如邪恶的叔叔、丧亲之痛、滑稽的意外等。这些故事让家人更加亲近。

此外，这些故事还打造了文化，文化无外乎各种各样的故事。想想你加入的各种团体：足球俱乐部、政党、社会

文化无外乎各种各样的故事。

组织、读书俱乐部、交际圈等。我们透过团体的故事了解它们的价值观、历史和理念，比如创办起源、代表宗旨、目标愿景等。拿英国举个例子吧。我们会反复听到一些故事：亨利八世与其妻子的故事、第二次世界大战与丘吉尔的抗争故事、1966 年英国在最后一刻赢得世界杯举办权的荣耀故事。这些故事不都体现着英国精神吗？

　　领导者创造并分享了这些故事。他们在分享故事之际打造着独特的文化。星巴克的首席执行官霍华德·舒尔茨（Howard Schultz）表示，他花一半时间来倾听人们的故事，用另一半时间来分享这些故事。他积极主动地引领变革，这正是一位优秀的领导者该尽的职责。

　　如果领导者从不积极主动地传播故事，那么负面的信息很快就会传播开来，逐渐侵蚀大家的健康心灵。你大概听闻过一些故事：有些懒散的员工早该在几年前遭到解雇，但由于管理层软弱无能，事情才越发复杂，难以处理；不少公司在很多高难度的信息技术项目上盲目投入了几百万英镑；领导常常要求提供超额的午餐补助等。倘若这种消极的风气日渐盛行，那么，人们便会无所顾忌，不断做出各种不良行为。用不了多久，整个组织就会陷入危机。尽职尽责的领导者会创造强大有力的正能量故事来消除负面影响。那么，我们该去哪里寻找这些优秀的故事呢？

　　始于过去，做好当下。

创业故事

　　第一类是关于公司或组织起源的故事。公司是如何创办起来的？这类故事往往清楚阐述了公司的文化、价值观和目标。

　　英国的果汁巨头纯真饮料（Innocent Drinks）就是一个范例。你可能已经知道该公司的创办历史。3 位年轻的大学伙伴一起去伦敦西南部参加一个音乐节，摆了摊位售卖水果冰沙。他们在摊位前放了一块木板，上面写着："你认为我们应该辞掉工作来全职卖冰沙吗？"木板旁边还分别放了写着"是"和"否"的两个箱子。顾客可以将空的饮料瓶投到任一箱子中表明立场。一天结束后，"否"的箱子中仅有 3 个瓶子，而"是"的箱子中瓶子都快溢出来了。

油管平台（YouTube）也是由 3 个年轻人共同创办的。他们都参加了旧金山的一场晚宴。当晚，他们一起拍摄了很多有趣的视频，但苦于没有分享平台。于是，他们便提出创办一家视频分享网站，后来的故事大家也都耳熟能详了。[1]

这类故事比比皆是。詹姆斯·戴森（James Dyson）曾经非常不满意他家的真空吸尘器，觉得其性能简直糟糕透顶。于是他把它拆了重新组装。在研究了数百款原型后，他终于找到了一款符合他高标准的真空吸尘器。在英国维多利亚时代，大都市环境肮脏、拥堵不堪，卫生条件极其恶劣。因此，为了解决这一糟糕状况，联合利华就此诞生，以慈善为使命，致力于售卖肥皂，让所有人都可以健康地生活。

每个公司、组织或团队都有自己的创业故事。从英国广播公司、国家医疗服务体系、英国开放大学，到英国糖尿病协会（Diabetes UK）、英国癌症研究基金会（Cancer Research）、英国防止虐待儿童协会，组织不同，故事各不相同。这些故事体现着每个组织、团队的价值观和宗旨信念。伟大的领导者能够引用这些故事，提醒人们各自的现状：领导者可以将故事当作胡萝卜，激励人们朝着积极的目标前进；也可将其当作大棒，批评不良行为，督促人们改正。

类似的引用呼吁非常适合组织内部管理，同样适用于国家治理。国家历史能够引起人们强烈的情感共鸣。因此，美国历史上很多激动人心的演讲都提到了《独立宣言》（*Declaration of Independence*），如表 11.1 所示。

---

1. John Cloud, The YouTube Gurus – how a couple of regular guys built a company that changed the way we see ourselves, 25 December 2006. Accessed 5/2/2015.

表 11.1　引用《独立宣言》的内容

林肯——葛底斯堡演讲	"87 年前，我们的先辈们在这个大陆上建立了一个全新的国家。它受孕于自由的理念，并献身于人人生而平等的理想。"
马丁·路德·金——"我有一个梦想"	"100 年前，一位伟大的美国人签署了《解放黑奴宣言》，今天我们就是在他的雕像前集会。这一庄严宣言犹如灯塔的光芒，给千百万在那摧残生命的不义之火中受煎熬的黑奴带来了希望。它之到来犹如欢乐的黎明，终结了束缚黑人的漫漫长夜。然而，100 年后的今天，我们必须正视黑人还没有得到自由这一悲惨的事实。"[1]
奥巴马——"我们一定能做到"	"200 年前，当年的殖民地赢得了决定自己命运的权利。而 200 年后的今晚，我们美利坚合众国继续自我完善，不断向前迈进。"

案例研究

伟大的领导者还会使用案例研究。如今，人们常常通过讲述故事来说明重要大事，这逐渐流行起来，成为一种时代潮流。因此，请紧跟时代步伐，常用常新吧。这些故事可以用来传递特别的信息，如客户至上。这就是全新的工作模式。此外，这些故事还可以改变人们的行为习惯。

格雷格·戴克（Greg Dyke）还是英国广播公司的总经理时，就成功利用故事改变了公司文化。在他上任之初，整个公司一共流传着 3 个重要的故事，预示着公司的经营方式即将发生重要的转变。第一个故事：9 点整开始播放的新闻调整到 10 点整开始。过去，公司做出类似的调整决定，会拖延好几个月。

---

1. 本段摘自《我有一个梦想》经典译文，其中"黑人"的称呼现多用"非洲裔美国人"代替。

而在格雷格·戴克的领导下，整个调整工作从提议到执行，耗时不过两周。格雷格·戴克也因为勇敢果断的作风受到了不少非议，即便如此，他还是完成了工作。真是完美！第二个故事：多年来，出于健康及安全考虑，白城电视中心（White City Television Centre）中庭区域的大型喷水池一直处于关闭状态。律师担心有人不小心跌入那两英尺深的水池，不幸淹死或遇到其他危险。可是，格雷格·戴克不以为然。他直接找来了律师，控诉他们过于规避风险，推翻了他们的决定，重新开放了此区域。这样一来，公司员工都可以享受到中庭美景。尤其到了午餐时间，人们来来往往，看着水流放松身心。第三个故事：格雷格·戴克开始亲自回复公司所有员工的邮件。要是有员工收到了格雷格·戴克回复的邮件，他会兴高采烈地把这件事告诉至少 50 个人。

这些故事就如熊熊烈火一般，在公司内部迅速蔓延。这些故事清楚地传达了一个信息：如今的公司早已改头换面，人人都勇于挑战和冒险。很多人喜欢这种氛围。同样，他们也非常爱戴格雷格·戴克，以至于格雷格·戴克被迫离职时，数百名员工排在街旁，眼含泪水，向他告别。

格雷格·戴克利用故事引领了公司变革。无论推行何种变革，传播故事都至关重要。但是，人们必须有组织地进行故事的传播：如果人们只是在团队内部交流和传播故事，那么用不了多久，人们就会产生怀疑，逐渐将其当成无稽之谈。你需要让人们自发地传播故事。举个例子，巡视公司一圈，然后分享你的所见所闻。你可能发现各种各样的事情，记得用人们关心的方式事无巨细地分享出来。在变革时代，真实的第一手故事就是最为有效的解毒灵药。

> 真实的第一手故事就是最为有效的解毒灵药。

12 历史法则

你还记得 2014 年英佰瑞超市的圣诞节广告吗？他们重现了第一次世界大战期间的传奇故事。一天晚上，英德两国士兵走出战壕，摒弃敌意，互换礼物，踢起足球。这则发人深思的广告迅速走红，在网上流传开来，有人评论道："天啊，我要感动哭了。"这个故事让人们感受到一种强烈的怀旧情怀和团结情谊，这恰恰跟英佰瑞超市的圣诞气氛相互交织，彼此关联。

历史蕴含着丰富的故事，能够唤起人们强烈的情感共鸣，直击人心、动人心弦。它还可以让人们燃起种种希望和恐惧。越南战争、拯救生命演唱会、人

> 历史蕴含着丰富的故事，能够唤起人们强烈的情感共鸣。

类登月计划等重大事件仿佛一记记重拳，猛击在人们的胸膛，激起了强烈的共鸣。当然，我们还可以转动时间轮盘，回忆久远历史，比如恺撒倒台、英国大宪章、发现美洲大陆等。这些故事同样可以引起情感共鸣。伟大的领导者常常

运用这些故事来支撑论点，并能取得意想不到的效果。

那张著名的年轻越南女孩的照片：她被战火烧伤，一路裸奔。凡看过之人，心头都会萌生一股强烈的羞耻感。

另外，故事不一定要唤起悲伤的共鸣，更应该给人们带来欢乐，比如贝利射进一球、披头士乐队荣登宝座、爱因斯坦创立相对论等。不同的人会根据不同的场合选择不同的故事，而这些故事往往暗示着他们的身份。优秀的领导者更喜欢选用历史故事，让人们为之倾倒，走向新的世界（见图 12.1）。

图 12.1　历史故事的力量

时事性话题

领导者可以利用热点事件来表达观点，比如选秀节目决赛、大片上映、皇室新添新生儿、体育赛事、历史周年纪念日……这些事件都可能激起人们的共鸣。

我个人认为 2012 年的费利克斯·鲍姆加特纳（Felix Baumgartner）跳伞事件最震撼人心。那年，鲍姆加特纳从距离地面 24 英里的热气球中纵身一跃，以每小时 800 多英里的速度自由落体。当时，新闻一出便传遍全球，引发热议。我跟女儿洛蒂在网上观看了那个视频，当场惊呆（很明显，大脑开始分泌催产素和皮质醇了）。你如果想要刺激大脑分泌催产素和皮质醇，去看看那个视频就够了。无论想要表达什么观点，你都可以选用这个故事加以论证。事实上，毫不夸张地说，我认为只要立场明确无误，任何故事都可以帮助你证明观点。表 12.1 阐明了跳伞事件在论证监管方面的应用。

表 12.1　跳伞事件：支持监管或反对监管

支持监管	反对监管
大家上周有看到那个令人惊叹的跳伞事件吗？是不是不可思议？我第一次看到那个视频时，还觉得鲍姆加特纳一定疯了。后来，我观看了他的采访，才意识到误解了他。对于这次跳伞，他做了精心准备，甚至连每一步动作都反复演练过了。他花了多年时间训练，跟最优秀的跳伞人才一起工作。随着日子的临近，他仍在反复审视和修改计划。由于天气不佳，他推迟了跳伞时间。后来，他登上热气球时，才发现面罩上布满了水蒸气。但无论如何，他都会继续跳伞，因为他知道地面控制团队会始终与他保持通畅的联系。在下降过程中，他开始不受控制，疯狂旋转。他清楚只要拱起后背，弯曲身体，就可以停止旋转。可是，他害怕这样会阻碍他打破纪录。他没有鲁莽行事，反而步步为营，控制降落，减缓速度，尽可能降低风险。而这些正是我们在设立监管机构时需要考虑和负责的事情。	大家上周有看到那个令人惊叹的跳伞事件吗？是不是不可思议？一旦人们专注于某件事情，就可以获得相应的成就，这简直太神奇了。在这种动力驱使下，我们发现了青霉素，发明了喷气式发动机，研发了全球网络。人类的精神能够解决任何的问题。与此同时，我们正在攻克很多严峻的难题，如气候变化、恐怖主义、过去 70 年来最严重的金融危机等。而如今，人类面临的最糟糕的困境莫过于自由受到限制。这会阻碍我们找到摆脱危机的正确道路。因此，我们需要的不是加强监管，而是减少……

神话故事

你如果不想引用历史故事或时事，还可以选用寓言故事。某些虚构故事可以在特定时期发挥特别作用。2015 年，"燃烧的平台"这则故事似乎风靡一时，你或许对此有所耳闻：一位男士在石油平台上工作。突然，他发现平台起火了，便爬到了边缘处。这时，他面临两种艰难选择：要么站在平台上被大火吞没；要么一跃而下，跳进冰冷的水里游泳逃命，但这依然有不幸淹死的风险。他该做何抉择呢？

从主人公和两难困境两方面来看，这个故事人物设定完整、剧情到位，可以引起人们的共鸣，发挥触动情感的作用。刚开始听时，人们会转换视角，把自己视为主人公，在这个阶段，大脑开始分泌催产素。随着故事的推进，他们开始面临两难的困境，这时，皮质醇开始发挥作用。然而，这个故事还缺少最关键的部分——结局。结局会促使人体释放多巴胺。

史蒂芬·埃洛普（Stephen Elop）刚担任诺基亚（Nokia）首席执行官时，就把"燃烧的平台"这个故事告诉了员工。当时，我有些朋友在诺基亚工作。听他们说，埃洛普指出，诺基亚已身处"燃烧的平台"，急需变革。但当时公司内部两极分化严重：一些人认为公司有必要变革，但其他人认为埃洛普夸大其词，变革为时尚早。

于我而言，"燃烧的平台"这则故事最大的问题在于，它给人们预设了过多的压力，但未提供方案和后果。施压并不是实现变革的最佳方式。皮质醇在体内流动时，人们会集中精力，力求摆脱威胁。他们无暇思考其他事情。因此，更别提实现变革、创新或转型了。如果你真的希望推动变革，让人们放松身心、感觉良好才是不二之选。我们更应该刺激大脑分泌血清素、催产素和多巴胺，而非皮质醇。因此，价值诉求才总是更为有效。接下来，让我们移步下一章，探讨价值观的重要性。

13 价值观法则

> "建立在相对情感价值基础上的道德体系只不过是一种幻觉，是一种完全庸俗的概念，既不合理，也不真实。"
>
> ——苏格拉底

顾名思义，价值观就是我们在生活中最珍重的东西。虽然随着时间的推移，我们的观点和态度会不断改变，但价值观和信念是我们一生坚守的东西，它们亘古不变。

价值观因人而异，独一无二。人活在世，会经历各自独特的人生，接受不同的教育，在不同的环境下长大，这些都在潜移默化中塑造了我们的价值观。价值观就相当于我们的精神定位系统，引领我们奔向各自的人生道路，决定着我们的思维方式、真情实感和处世行为。

价值观因人而异，独一无二。

伟大的领导者知道巧妙地利用价值观，引导人们关心工作，聚焦工作，努力工作。假设你运营着一家公交汽车公司，司机可能抱怨他们的工作枯燥无聊、令人沮丧。作为一位优秀的领导者，你应该提醒他们人际关系（价值观内涵）的重要性。一个简单的微笑、一个细微的手势，或者亲切的握手都会给人们带来幸福。你可以指出，对于早上乘坐公交汽车的老年妇女来说，公交汽车司机可能是她们一整天唯一接触的人。因此，司机的小小举动对她们都意义重大。比如，司机微笑迎接，她们很可能一整天都心情极佳；但如果司机冷脸对待，她们可能一整天都沮丧失落……你可以通过唤起人们的价值观，参与他们的生活，激发他们的热情，激励他们的情怀。

伟大的领导者要明确一点：价值观因人而异。因此，领导者需要分别判断人们的诉求。比如，在小村庄或社区长大的人，可能仍会定期捡拾垃圾、庆祝丰收节日、参与社会活动，因此，他们往往深信"通过集体劳动达成目标"的价值信念。再如，一些从小受到凌辱和侵害的人可能坚信"做好事情，唯靠自己，不依赖他人"的硬道理。伟大的领导者需要分辨出员工的不同背景，基于其各自独特的价值观念响应诉求，使他们充分发挥所长。

> 一个有着远大的目标且奉行正确价值观的企业，将远远胜过市场上的其他企业。

伟大的领导者常常将价值观与公司的内在目标紧密关联。价值观与内在目标相辅相成，能够碰撞出巨大的火花。研究表明，如果一个企业有着远大的目标，而且奉行正确的价值观，那么它将远远胜过市场上的其他企业。[1] 表 13.1 展示了领导者结合内在目标与价值观的几个例子。首先，公司要制定战略性目标，信奉深层次的价值观。其次，公司要基于目标和价值观，按时完成每日工作，长此以往，才能实现百万美元级别的重大业绩突破。

---

1. John Mackey（CEO of Whole Foods）（2014），*Conscious Capitalism*，Boston：Harvard Business Review Press.

表 13.1　公司目标与价值观的结合

领导者	公司目标	价值观
亨利·福特，福特公司	汽车全民化：薪资优厚的人都可拥有一辆自己的汽车。	辛勤劳动者应受嘉奖。
劳拉·贝茨，日常性别歧视项目	追求性别平等。	无关性别，人人平等。

价值观冲突

锚定价值观相对简单。我在《演讲写作：专家指南》中反复提及这个概念。可是，价值观发生冲突会产生什么后果呢？如今，这种困境越发普遍。你可能遇到过，有人在生活中有严重的洁癖，却在会制造大量污染物的公司工作；有人私下常常购买价格公道的产品，但其所在的公司总让供应商吃亏；还有人在日常生活中极其负责，但其所在的公司压根不在乎客户利益。

许多人常常深陷困境，拼命挣扎。碍于同辈压力，员工往往不得不在个人价值观与工作职责中做出艰难抉择。而领导者的责任就是帮助员工走出困境，重回正轨。这样，员工就不会觉得个人生活与职场工作存在冲突。如果领导者要求员工在工作时摒弃个人价值观，这无异于让他们放弃部分自我，打破重要原则。那么，员工就无法全身心投入工作，从而敷衍了事，按行话说，即渐渐"情感脱节"。

一些公司或组织有书面的价值观。如果是这样，为了有效，它们应该准确地反映人们的价值观，而不是被草草印在盒子背面一类的地方。我曾经听说，一位首席执行官在刚上任第一天就宣布："大家仔细看看，这是你们需要坚守的新价值观。"没有商量、没有讨论。他在 PPT 幻灯片上仅仅展示了短短五个词，那是他上家公司的价值观。他甚至都没有费心去掉老东家的标志。短短五个词就足以让人心情低落、毫无斗志：责任、节俭、协作、多元和坚韧。要想激起人们的情感共鸣，打动人心，我们就需要使用情感化的语言。接下来，我们将在第 14 章重点研究一下"我们喜欢的语言"。

14 绝妙语言法则

"语言是人类使用的最有效的药物。"

——鲁德亚德·吉卜林

我从事的这个行业中有一件麻烦事：当人们对演讲进行反馈时，我能够明白他们真正的想法。比如，有人评价演讲"妙哉、完美、精彩"，我就知道那个演讲恰到好处，一语中的。然而，如果有人评价"不错、很棒、结构清晰"，我就知道那次演讲还差点意思。人们在情绪激动时，会脱口而出一些固定词语；可是，人们不为所动时，就会摆脱固定词语的限制。

这一现象的原因在于：言语并不会孤立地存在于我们的大脑中。每个词语会涵盖其含义、记忆和联想，一起存储在大脑中。每当我们听到有人使用某个词语时，大脑都会自觉调用这些含义、记忆和联想。

我不知道你怎么想，可是我每次听到如"协作""基准测试""框架""可交付物""信标"等词语时，都会感觉这又是枯燥乏味的内容。这意味着，我无论何时听到这些词语，都会情不自禁地忽视它们，因为我早就料到接下来是无聊的长篇大论。相反，我常常在愉悦之下听到这些词语——亲爱的、爱、香槟、钻石、巧克力等。这些词语能激起人们强烈的情感共鸣，人们非常乐意侧耳倾听。有些词语能让人激情澎湃，有些词语则索然无味，这便影响了人们的处世行为。

> 有些词语能激起人们强烈的情感共鸣，让人激情澎湃；有些词语则索然无味。

哈佛大学曾针对一群老年人做过一项有趣的研究。他们要求老年人玩一款计算机游戏来测试智力。但老年人事先不知道一件事情，即在他们玩游戏的过程中，计算机屏幕上会自动闪过一些有关变老的词语。半数老人会看到很多积极词语，比如睿智、机敏、成功等；而另外半数老人会看到消极词语，比如衰老、依赖、患病等。在离开时，前者走路速度相较后者要快 10%。[1] 因此，研究表明带有积极联想意义的词语可以提高人们 10% 的表现能力。

> 带有积极联想意义的词语可以提高人们 10% 的表现能力。

伟大的领导者需要谨慎选择言辞。他们需要选择可以促进而非阻碍目标达成的词语。时机恰当时，他们可以使用一些词语，激起人们的情感共鸣。这并不是说领导者总是想要在情感上打动人们。有时，领导者还会刻意用些无趣乏味的词语。很多政治家和商界领袖将索然无味的谈话当作一种重要的谈判策略。如果这样能够促进目标达成，那倒也没什么问题。有时，领导者还会主动避免让人们触景生情。比如，在团队重组或公司裁员时期，领导者应该尽量避免使用情感化的词语。此外，我们在描述战争时也应避免使用"间接伤害""友军火力误伤"等词语。

当然，很多领导者天生无趣，而并非刻意设计。如果你想要表扬他人，

---

1. 此研究出自杰弗里·豪斯多夫，哈佛大学医学系教授。

激励他人事业有成，那你应该言语饱满、情绪高涨。"你的表现相当优异，远超预期要求"之类的言语并不会打动人心。你最好换一种说法："我太欣赏你今年所做的一切了。太棒了，简直完美。"这样反而更易达成目的。

那么，我们该如何找到这些情感化的词语呢？如果我们希望根据严谨的科学分析，选择适当的词语表达观点，那么可以考虑使用相关软件。现在已有研究者开发出相关软件，比如一款由詹姆斯·彭尼贝克（James Pennebaker）、罗杰·布什（Roger Booth）、玛莎·弗朗西斯（Martha Francis）等众多美国教授共同研发的软件，可以根据不同的情感状态（如生气、希望、热情、羞愧等）系统分析文本的语言特征，并对其分组和评分。这款软件有时令人惊叹，有时又逗人发笑，但本质上，它基于主观思想给人们提供词语方面的建议。

另外，你还可以尝试寻找自己的独特语言。你可以使用任何喜欢的资源。我曾经采用一个快捷简便的方式来组建语言，即摘抄迪士尼影片里的经典台词，以及披头士乐队的知名歌词，然后将它们制成词云。我认为用迪士尼的台词和披头士乐队的歌词来打动人心还是相当可靠的。它们生成的词云非常有趣，你可以从中看到一些反复出现的词语。

列出词语"炸弹"

在我看来，有些词语如同炸弹：你如果在恰当的时机和情境下使用这类词语，就会引发爆炸性的反响。表 14.1 列出了一些词语炸弹。但事先声明，这些词语基于经验得出，并无真正的科学依据。于我而言，这类语是表达情感的捷径。它们可以刺激大脑分泌催产素和血清素，让人身心放松，常常反复出现在领导力语言里。

表 14.1　词语炸弹

人称代词：我、我的、你、你的、我们、我们的	一场谈话需要有人在场，需要有人讲话、有人倾听。要达到这个目的，最简单的方式就是使用人称代词，比如"我""我的""你""你的""我们""我们的"等。 很奇怪，人称代词在学术文章中非常少见。这让人感觉文章内容与人有很强的距离感，它们冷静客观，毫不掺杂作者或读者的感情。在领导力语言中，人称代词应用频繁，不成比例。 奥巴马说过"没错，我们一定能做到"，而不是"改变皆有可能"。史蒂夫·乔布斯将其智能手机命名为"iPhone"，而不是"先进移动电话"。 保罗·麦卡尼（Paul McCartney）曾在一次采访中表示，代词让披头士乐队的歌曲"广为流行"……例如"请取悦我"（Please Please Me）、"从我到你"（From Me to You）、"附注：我爱你"（PS I Love You）、"她爱你"（She Loves You）等。
伟大 / 了不起	"伟大、了不起"（great）一词总能触人心弦，从《远大前程》（*Great Expectations*）到《了不起的盖茨比》（*The Great Gatsby*）；从著名的 IBM 公司到大名鼎鼎的老虎托尼（Tony the Tiger：老虎托尼是美国知名儿童早餐麦片动画形象）；从"从优秀到卓越"（Good to Great）到"酷毙了"（Insanely Great）；应用广泛，意义非凡。 家人、朋友和老师还常常使用"了不起"（great）一词来夸赞人。不是"好"（good），而是"了不起"（great）。 在商界，"了不起"（great）如今已经取代了"卓越"（excellent）一词。
爱	"爱"（love）这个词语对所有人来说都至关重要。有人使用"爱"这个词语时，我们需要考虑他们的需求。 因此，在商界，尤其是广告业，"爱"（love）的应用极其广泛，比如"我们就爱这个"（We're lovin' it）（麦当劳广告）、"惊喜从肌肤开始"（Love the skin you're in）（玉兰油广告）、"追求品质生活"（Quality you can love）（东风日产广告）等。

除了表 14.1 中列出的词语，类似的词语不计其数：例如"梦想"（马丁·路德·金可没说过"我有一个全球战略"吧？）、"相信"（永远不要光"认

为"，要"相信"——不要三心二意，要坚定信念！）、"想象"（这个词语能够瞬间让人们代入其他美好的场景）等。也许，你可以创建自己最喜欢的词汇表，让它们刺激大脑释放催产素和血清素。

值得强调的是，词语可能紧跟潮流，也可能落后过时。"卓越"（Excellent）一词在 20 世纪 80 年代风靡全球，比如卓越的建筑、卓越的人力资源、卓越的管理等。当时，甚至还有电影运用了这个词，比如《阿比阿弟的冒险》（*Bill and Ted's Excellent Adventure*）。可谁又能想到这个词后来过时了呢？或许有一天，"伟大"（Great）也会成为明日黄花。

词语炸弹可以使人们注意到一些平淡无奇的文章。全球领先的教育智库——英国萨顿信托（Sutton Trust）发表了一篇有关教育学研究的实证评论。这听起来没什么特别，但他们给这篇评论起名为"究竟是什么造就了伟大的教育"。砰！这篇评论一经发表，便掀起了宣传热潮。

语句只要与"爱"挂钩，就能立刻从功能层面上升到情感层面。最近，我看到一些女孩子的裙子标签上印着"印度生产，用爱制作"。这句话相比仅仅一句"印度生产"可漂亮多了。后来，我在一个朋友家里看到有机蔬菜盒上印着"艾玛之爱，用心包装"。上述两种产品都比正常市场价格高出 50%。因此，金钱不一定能买到爱，但爱一定能让你盈利。让我们与爱同行，移步下一章的内容——从赞美中获取爱的力量。

15　赞美法则

> "赞扬能够振奋精神，扫清阴霾。赞扬可以安慰悲伤之人，唤醒冷漠之人，激励麻木之人，鼓舞生病之人，约束任性之人。赞扬可以让恋人相守相依，亲密无间。"
>
> ——伊拉斯谟

根据《吉尼斯世界纪录大全》记载，历史上最成功的销售员是来自底特律的乔·吉拉德（Joe Girard）。1963 年到 1978 年，吉拉德在雪佛兰（Chevrolet）特许经销店工作，成功售出了 13 001 辆汽车。这个业绩意味着他平均每天卖出 6 辆汽车，简直令人惊叹。有人问他成功的秘诀时，吉拉德解释道："人们喜欢从中意之人那里进行公平交易。"那么，他又是如何讨得人们欢心的？"这很简单，"吉拉德答道，"我告诉他们，我非常喜欢他们。"

赞美和奉承是书中老掉牙的交流技巧了。亚里士多德曾在《修辞学》中写道："在雅典人中赞颂雅典人并不困难。"马基雅维利曾在《君主论》一书中写下了大量赞美和恭维之词。可是，赞美和奉承不仅是古代人的专利，它仍适用于当今时代。即使奉承一词略带贬义，它也的确满足了人们的需求。我们都渴望被爱，都喜欢受到赞扬。即便我们知道这些赞美之词并非出自真心，也不太在乎。

曾经有这样一个研究：商店给所有客户随机发送了广告邮件。这些广告邮件中满是各种赞美之词，比如我们非常高兴"拥有像你这样的客户"，"你时髦新潮、格调十足、优雅大方、时尚雅致"等。即便客户很清楚这些赞美都是虚情假意，他们也会对那家商店好感倍增，更有可能到那家商店消费购物。这篇研究论文名为"奉承赞美的确有效"。

赞美为何有效

人们受到赞美时，大脑会分泌血清素，让人感到自豪和自信。血清素令人自豪，可以彰显身份地位。我们买了新衣服或者在社交媒体平台上收获大量点赞时，都会产生相同的感觉。另外，血清素可以让人放松身心、自我感觉良好：不仅是受到奉承的人会分泌血清素，研究表明，赞美他人也能让我们的血清素水平增高。赞扬拉近了人们之间的距离，促使大脑不断分泌血清素。更重要的是，人们总在期望获得赞美，而回馈赞美也可以满足对方的期望。这样一来，赞美便刺激了大脑奇妙地释放血清素。

正因如此，赞美才能够提高人们的表现能力，呼吁人们踊跃参与，积极奉献。人们受到赞美后会信心倍增、心情舒畅，这是一种互惠互利的法则，也是人际交流中的基本准则。[1]如果你让他

> 赞美他人会让更多的人伸出援助之手。

---

1. Robert Cialdini (2007), Influence: *The Psychology of Persuasion*, New York: Harper Business Review Press.

人感觉良好，他们也会给予回馈。赞美他人会让更多的人伸出援助之手。此外，赞美员工能够让他们更加努力地工作。

创造有利环境

因此，多给予他人关爱。万事顺利，浅瞰窗外；情况糟糕，照照镜子（自我反思）。独处时三省吾身，共事时大方夸赞。不要过多关注他人的错误，要着眼他人做对的地方。如果你很难发现他人的优点，请尝试提醒自己：他们只是普通人，都是家人的掌中宝。身为领导者，你也应该多给予他们关爱。

请不要忘记：高层往往不会担负重压，而是直接将其分摊落到基层身上。你有责任缓解基层压力。当人体内血清素水平较低时，人们更易暴躁烦闷、鲁莽行事；而人体内血清素水平较高时，人们就会显得自信满满、强壮有力、精明能干。你更喜欢哪种人做你的员工？[1] 显然是后者。我们可以通过赞美来提高血清素水平。

请记住，底线在于：无论你多么沮丧，都不要自暴自弃。因此，领导者一定要毫不吝啬地夸赞员工，哪怕是细微小事，凡是表现出色，均可极力赞美。你可以改变自己的看法，改变团队的表现。而且，夸赞员工也能让你心情舒畅。这又有什么损失呢？

可是，有些人害怕赞美他人。他们担心有人发现自己的动机。请不要担心：大多数人都不会质疑夸赞。事实上，大多数人会认为，自己远比实际表现得更加优秀。你想想，又有谁会承认自己驾驶水平不如他人呢？因此，他们更

---

1. P. Kramer (1997), *Listening to Prozac: A Psychiatrist Explores Antidepressant Drugs and the Remaking of the Self*, London: Penguin Books.

愿意相信你在说真心话。如果你还是担心，可以在赞美的话语前添加限定词，比如："我知道你不太想听到这些，可是……"或者，你可以通过第三者传达回馈来赞美他人。你可以告诉某人，他的朋友非常优秀。不久，你想赞美的人就能接收到这些赞美之词。

赞美应该顾及他人的感受，彰显尊重；但如果人们并非发自内心去赞美，那么这些赞美就变成了名不副实的虚情假意之词。当然，诚实并非总是上乘之选。我 6 岁的女儿简直诚实得令人崩溃。

> 恭维是名不副实的虚情假意之词。

请看表 15.1：诚实型领导者与夸赞型领导者的区别。你更希望谁成为你的上司呢？

你被说服了吗？如果还没有，你可能更中意表 15.1 中两种领导者共同使用的重复方法。重复是触动人心的另一种方式。我们将在下一章详细阐述这种方式。

表 15.1　诚实型领导者 vs 夸赞型领导者

诚实型领导者	夸赞型领导者
我很讨厌那些繁文缛节。让大家团聚在一起，增强凝聚力。我实话实说了，公司内部不够团结。你们中只有 10% 的人在真心实意地为公司着想，促进公司发展。而其他人就只是在空手套支票。你们以为，我不知道你们天天在上班时间狂刷手机吗？不知道你们吃个午饭都要花两小时吗？不知道你们把七成精力都用于在公司计算机上写些乱七八糟的东西吗？我简直忍无可忍了……	人们常常问我，是什么激励我每天努力工作。答案很简单，就是你们。每当看到你们勤奋工作时，我都会备感自豪。每次问你们工作业务时，我都会受到鼓励、热情澎湃。而此时此刻，我注视着你们，从你们身上感受到了目标。是你们，让我更加热爱这份工作；还是你们，让我想要全身心地投入工作；更是你们，让我每天精力充沛、干劲十足。

16　重复法则

"人们更加需要的是提醒，而不是教导。"

——塞缪尔·约翰逊

顾名思义，白厅的特别顾问非常特别。有些人富有魅力，还有些人令人讨厌。我永远无法忘记一位蛮横无理的特别顾问。他跟刚到新部门就任的国务大臣说："你不要相信媒体，不要相信经济学家，不要相信律师……"后面还列举了很多人。你可以很容易地发现，这种重复可以控制新人的思想，让他们心生恐惧，产生一种强烈的情感反应。这就是重复的作用：它可以传达情感，渲染氛围。

重复可以传达情感，渲染氛围。

我们关心谈话内容时，就会自然而然地重复说话。比如，一位酩酊大醉的人在吧台破口大骂他的前妻："她抢走了我的房子，夺走了我的孩子，甚至还带走了我的爱犬。"在这种情况下，重复话语非常自然。若脑海中始终停留着一种想法，我们就会重复地表达它。因此，演讲中言语重复是我们执着于某种想法的自然情感表现。

伟大的领导者会故意在演讲时使用重复的技巧。即便他们预先准备了稿子，但时不时地重复发言，会营造出一种真实自发的假象，激起人们的情感共鸣。或许，最著名的一个例子是丘吉尔的激情演讲。他激昂地高喊："我们将在海滩上战斗！在敌人登陆地点战斗！在田野街头战斗！在山区战斗……"其实，只要丘吉尔愿意，他就可以更加快捷简明地表达意思。确实，英国简明英语组织（Plain English Campaign）要是到访唐宁街（Downing Street），一定会问："好了，温斯顿。你其实可以说得更加简洁明了。你为何不直接说，'我们将在海滩、敌人登陆地点、田野、街头和山区战斗'呢？略去那些毫无意义的重复不好吗？"重复并非毫无意义。重复传达出了他的坚定决心和无畏勇气。这正是整个演讲的意义所在。

另一个著名例子是马丁·路德·金的演讲——"我有一个梦想"。

我有一个梦想，国家终将崛起，实现立国信条的真谛："我们认为这些真理不言而喻——人人生而平等。"我有一个梦想，终有一天，在佐治亚州的红色山岗上，昔日奴隶的儿子能够跟昔日奴隶主的儿子齐聚一堂，亲如手足。我有一个梦想，甚至连密西西比州这个正义匿迹、压迫成风、如同荒漠的地方，也将变成自由正义的青葱绿洲。我有一个梦想，我的四个孩子能够在一个全新的国度和平共生。那时，世界不再依据肤色来评判他人，而是以品格优劣定性。我今天有一个梦想……

管理顾问一定会删掉演讲中的重复部分，只把重点内容以要点形式呈现在 PPT 上。

马拉拉·优素福扎伊（Malala Yousafzai）是当今世界最具影响力的领导者之一。她在联合国做过著名演讲。

我并不是为自己发声，而是替那些无法发声的人发声，替那些为权利奋斗的人发声。他们有权享受和平的生活，有权受到尊重和公平对待，有权享有平等的机会，有权接受教育。

重复的作用非常多。人们可以认识到重复蕴含的那股热情——每次重复就仿佛一记重拳，捶打在桌面上。虽缄默无言，却后劲十足。人们还可以预测演讲的走向。每次期望得到满足时，大脑都会受到刺激，激活奖励系统，分泌多巴胺。观众熟悉演讲内容时，就很容易带入情绪，深深地被演讲折服。研究表明，无论某个言论是真是假，人们只要听说过它，就更愿意相信它是真的。[1]

> 人们只要听说过某个言论，就更愿意相信它是真的。

另外，我们还可以通过不同的方式来体现重复。有时，我们可以不断地重复口号，以激起强烈的情感共鸣。在过去两年里，奥巴马参加广播节目、发表演讲、接受采访，或者出席其他公开露面的活动时，都会不断重复"没错，我们一定能做到"这句口号。有时，简单重复两三个词，也能达成同样的效果，比如"错了，大错特错了"。这是一种修辞强调。

有些人喜欢一遍遍地重复个别词语，就像催眠师一样，温柔地侵入你的潜意识。戈登·布朗就习惯用这种方式讲话：从他的演讲词云可以看出，通常会有五六个词的使用频率远远高于其他词语。他一般每说 10 个句子，就会重复一句话里的一个词，再转向重复另外的词语。他做过一次关于苏格兰独立公投的重要演讲，当时就使用了这种技巧。有人评价，那次演讲扭转了国家的分裂局势，促进了国家团结。重复贯穿整个演讲，引起了人们强烈的情感共鸣。

他在前 120 个词里就反复使用了 8 次"自豪"："我们为拥有苏格兰身份感到自豪，为独特的苏格兰体系感到自豪，为我们的苏格兰议会感到自豪。是

1.　L. Hasher, D. Goldstein and T. Toppino (1977), Frequency and the Conference of Referential Validity, *Journal of Verbal Learning and Verbal Behavior*, Vol. 16, pp. 107–12.

我们，而非民族主义党，创造了……"

接着，他又重复使用了"我们"和"一起"这两个词："我们不仅一起打赢了这些战争，还一起建立了和平；我们一起设立了医疗服务体系，还一起建立了这个福利国家制度，以后，我们还将一起建设未来……"

随后，他还重复了"他们"和"每个人"这两个词："这不仅仅是他们的国旗、他们的国家、他们的文化、他们的街道。这是我们每个人的国旗、每个人的国家、每个人的文化、每个人的街道……"

接下来，"风险"一词开始独领风骚："第一个真正风险——货币不确定性高。苏格兰民族主义党并没有彻底解决这个问题。第二个真正风险——债台高筑。他们依旧没有解决。第三个真正风险——不得不以失去国家医疗服务体系和福利国家制度为代价，设立 300 亿英镑储备金……"

最后，他围绕"信心"一词结束了演讲："苏格兰民族主义党表示他们对过去、现在、未来都满怀信心，却理直气壮地对我们所有人说，他们还没有答案。他们都不知道自己在做什么。他们在一步步把我们引入陷阱，带入深渊。可是，我们充满信心，可以坚定地跟所有人说，为了苏格兰的团结、共享、正义、自豪，为了苏格兰，为了苏格兰的未来，我们唯一的答案就是对公投说'不'。"

很多评论家表示，这次演讲震撼人心，相当成功。在我看来，它体现出戈登·布朗演讲的所有特色：惯用重复，凸显愤怒，又有所防备。但至少这次演讲满足了人们的期待，讲到人们的心坎上了。如果这次演讲的主题是当地企业合作，那么这种演讲方式就略逊一筹了。可是，恰逢时机合适，这种方式自然奏效。

重复的注意事项

重复这种技巧功能强大，一直令我赞叹。人们用书面形式表达重复，看上去会有些愚蠢：写出来的东西就像孩童的练笔小说，无法激起人们的阅读欲望。因此，顾问们一再敦促马丁·路德·金和丘吉尔尽量削减演讲稿中的重复语句。但我不以为然。在我看来，重复可以扫清杂念，振奋人心。有了重复，人们就不会轻易忽略你的话语。这种强大的力量始终震撼着我，令我着迷。

重复可以广泛应用于各种场景，比如市场货摊（"我不要 20 英镑，也不要 15 英镑，更不要 10 英镑……"），或激情演讲（"我们擅长服务他人，擅长出谋划策，擅长干一番大事业……"），以及投资研讨会（"资金在 2012 年涨了，又在 2013 年跌了，到 2014 年又涨回来了……"）等。

重复是一种强调情感的语言表达方式。另一种强调情感的语言表达方式是夸张。我们将在下一章，也就是赢得情感脑的最后一章重点介绍夸张这种技巧。

17　夸张法则

"一切皆可夸张……除了自己的错误。"

——佚名

你是否曾发现自己因为一些琐碎小事而夜不能寐？比如，你回复那封邮件了吗？拔掉熨斗的插头了吗？挂上门链了吗？你无论做何尝试，都无法扫清思绪，静下心来。

我们情绪激动时，就会扰乱心绪、扭曲视角。这是人之常情，我们没办法控制。尽管扭曲视角常常跟不成熟或幼稚有关，但事实上，人类学家认为，扭曲视角代表我们在成长，这是人类进化过程中的关键一步。

当大脑的布罗卡氏区域开始发育时，我们能在历史上找到明确的时间点：洞穴艺术发生翻天覆地的变化。突然间，艺术家开始刻意扭曲比例来表达情感，常常给凶猛的动物画上夸张的角、獠牙和尖齿来象征危险。[1]扭曲视角逐

1.　Katy Waldman，Lascaux's Picasso – What prehistoric art tells us about the evolution of the brain, Accessed 5/2/2015.

渐成为人际交流中令人兴奋的全新元素。这意味着人们会比以往更加清晰有力地传达信息，更顺畅地交流对人类生存至关重要的信息。

扭曲视角也是领导力语言的重要组成部分。古希腊人创造了一个术语来表述视角扭曲——夸张。人们常常认为"夸张"具有负面含义，但其实，这是历代君主、皇帝、商业领导者用来表述观点的一种专业技巧。你只要翻阅历史书籍和演讲选集就会发现，领导者常常使用夸张手法。于领导者而言，这个世界要么永远处于乌托邦的萌芽阶段，要么濒临灾难与毁灭。但他们如果着眼现实，诚实地表达"生活还将继续"的真实信息，就永远也无法实现想要的变革。相比夸大其词，直白表述无法吸引人心，引起强烈的情感共鸣。因此，我们必须从情感上打动人们，而夸张恰恰就是一种表达情绪的方式。

人们在交流中会自然而然地夸大情绪状态，比如自我厌恶（"我这些天就没干好什么事情"）、嫉妒（"他简直就是我的噩梦"）、自豪（"我简直令人刮目相看"）、悲伤（"我父亲一直在连轴转"）、激动（"这是我有生以来最美好的夜晚"）、害怕（"他就是个变态"）、兴奋（"这是我梦寐以求的工作"）、饥饿（"我现在饿得能吃掉一匹马"）等。我们所有人都经常这么说话。一说到夸张，我就无比兴奋，甚至可以说个三天两夜不停歇。

夸张的作用

伟大的领导者往往比大多数人更喜欢夸大其词。究其原因，他们胸怀壮志，目标远大。他们怀有激动人心的目标和愿景，还常常深陷其中，无法自拔。久而久之，这些愿景就会占据他们的思想。正因为如此，他们才能影响他人的思想。这正是他们创造变革的方式：他们通过夸张的言语，将伟大的蓝图呈现给人们，让人们为之折服，摒弃常规逻辑，进而步入他们所设想的完美世界。情感战胜了理性。正如萧伯纳（George Bernard Shaw）曾经写的："理性的人会自己适应世界，而感性的人会迫使世界适应自己。因此，感性的人推动了世界进步。"

　　夸张使人激动：它可以刺激大脑分泌内啡肽。你想想历史上的伟大领导者就明白了，领导者都不会直言不讳。他们会运用夸张的言语来吸引人们主动接近并关注他们，再打动人们。

> 夸张使人激动：它可以刺激大脑分泌内啡肽。

实际应用

　　夸张未必是坏事。有时，人们会想要为他人引路，希望获得认可，从而提高对自己的认可度。因此，夸张是满足人类情感需求的绝佳方法。我们总会有迷茫低落的时期，就像某个团体可能会感到厌倦；某些员工可能幻想破灭、情绪低迷；慈善机构可能在咬牙坚持，希望看到黑暗隧道尽头的灿烂曙光。夸张可能是种欺骗，但它跟赞扬一样，是高尚的空言虚语，比如说一些像"这是千载难逢的机会""没有比这个更好的了"或"我全身心投入这家公司"之类的话语。这些话语可能有失真诚，但不会伤害到任何人。

　　可是，显而易见，夸张并不适用于所有场景。如果你正在跟一群疑虑重重的人说话，比如律师、记者、演讲撰稿人等，你就应该提高警惕，至少在夸张言语后加些修饰成分，比如"你不觉得吗"或"你说呢"。这是我的常规做法。总之，这样做没什么毛病，你不觉得吗？

　　看到这里，你掌握足够多的锦囊妙计来轻松赢得人们的情感支持了吗？准备好继续启程了吗？来吧，让我们再深入一层，看看如何赢得逻辑脑吧。

第三部分

赢得逻辑脑

——在思维上取胜

导读

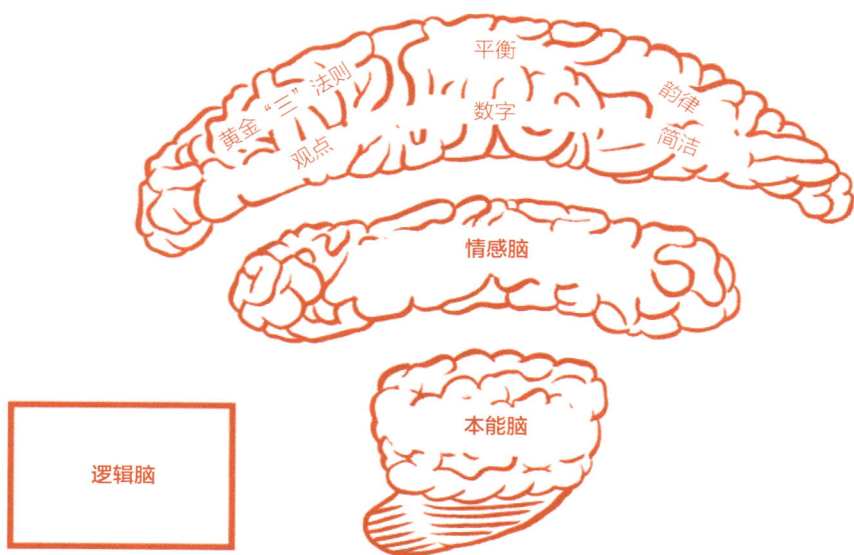

"面对威胁性信息，人人都是娴熟的公关专家、理性主义者和辩护者，会竭尽全力维持幸福感。"

——蒂莫西·D. 威尔逊

逻辑脑

每个人都愿意相信自己的大脑极具逻辑性，就像一台超高速运行的计算机，可以立刻处理复杂信息，并利用结果生成高度精准的结论。但是，事实并非如此。事实上，对大多数人来说，生活太过忙碌，他们压根没时间沉浸在奢侈的逻辑推理过程中。

即便人们发誓他们极具逻辑性，但是功能核磁共振成像结果显示，他们其实没有很强的逻辑性。神经科学家一再解释，我们平常极少运用自己的分析能力。我们上网冲浪时，大脑其实处于高效自动运作模式。我们在大学里听讲座时，大脑甚至还不如睡觉时活跃。[1] 人们在接收那些自认为合理的专家建议时，部分大脑其实停止运作了，压根无法提供其他建议。

其实，人类并不像我们想象中的那么富有逻辑性。大脑做得最多的事情，不是通过仔细检查并分析逻辑来判断事情的正误，而是极力寻找某种模式来证实事情正确可行。因此，如果你已经完成前面几章提到的步骤，建立了信任，并激起了人们的情感共鸣，那么你快大功告成了，再建立好逻辑形式就是锦上添花。我们可以基于声音和结构来构建论证模式，实现逻辑搭建。这种模式既令人愉快，又具备可预测性。

1. Ming-Zher Puh, Student Member, IEEE, Nicholas C. Swenson and Rosalind W. Picard, Fellow, IEEE (2010), A Wearable Sensor for Unobtrusive, Long- Term Assessment of Electrodermal Activity, *Transactions on Biomedical Engineering*, Vol. 57, No. 5, May. Accessed 13/2/2015.

按序论证

每个人都喜欢模式。这就是我们喜欢智力竞赛、填字游戏和数独谜题的原因。我们不断尝试着寻找解题模式，即便这种模式压根不存在，我们也乐此不疲。你肯定能明白我的意思，比如，"首先，有人告诉我们，我们需要搭建一个新的屋顶。这时，装满砖瓦的车辆顺利抵达。现在，我们只需要静待第三件事情发生。"我们找到一种模式时，就会心情愉悦。这种愉悦感就像在混沌乱世中找到了生存秩序一样，令人惊喜。

伟大的领导者会把对这种模式的热爱运用到安排论点的阐述顺序上。他们会使用现成的模式来表达观点，支撑逻辑架构，增强论述的逻辑性。究其原因，在领导力语言中，真正重要的不仅是论证内容，还有声音。

> 真正重要的不仅是论证内容，还有声音。

声音意义相互匹配

神经科学家表示，左右脑共同参与话语的逻辑处理——左脑进行意义的逻辑处理，右脑进行声音的逻辑处理。[1] 伟大的领导者可以使用一种古老的修辞手法——组织句子，来同时赢得左右脑的支持。

---

1. Ian Sample，Brain scan sheds light on secrets of speech，3 Feb 2004. Accessed 12/5/2015.

我在引言中简要提到过修辞手法。在古希腊时代，人们过去常在学校中学习修辞手法。虽然现在学校已经不再主推修辞课程，但修辞手法仍然功能强

> 伟大的领导者深知修辞手法的强大力量。

大。此外，修辞手法在全世界应用广泛，从西方到中东地区、拉丁美洲或者远东国家都是如此。因此，这些修辞手法不可能根植于文化，它们必须是生物学上的——基于人类大脑的运作模式。可是为什么会这样呢？我们能够推测一二，但请记住，底线在于：这些修辞手法要真正有效。伟大的领导者深知修辞手法的强大力量：一位领导者在写到丘吉尔时这样描述："演讲声音远比演讲逻辑或演讲内容重要。我们激励人心看重的是烤香肠发出的嘶嘶声，而非香肠本身。"

这是因为我们的大脑不断发育以提高口头表达能力。相比之下，写作是

一种新颖的创作形式，仅可大概追溯到 4500 年前。从那时起，我们的大脑几乎未变，因此，交流的基础仍是声音，而不是视觉。

　　第三部分介绍的所有修辞手法：黄金"三"法则、平衡、韵律、观点、数字和简洁，都是领导力语言的秘诀，可以帮助人们赢得逻辑脑。这些技巧可以让我们的论点更加合理、更易被接受、与众不同。你一定会惊叹于它们的惊人效果。让我们先从最简单的秘诀开始探讨：黄金"三"法则。

18 黄金 "三" 法则

"好事成三。"

——古罗马谚语

史蒂夫·乔布斯、史蒂夫·乔布斯、史蒂夫·乔布斯

史蒂夫·乔布斯在 2008 年推出 iPhone 时，很可能会失去一切。当时，移动电话领域正值热门，竞争激烈。即便按照他的标准，选择进军移动电话市场都是大胆之举。他花了几个月准备新品发布会，反复修改甚至重写演讲措辞。但讽刺的是，尽管 iPhone 采用了各种尖端技术，但他还是打算使用由来已久的传统修辞手法来介绍它。

让我们细读一下吧。

史蒂夫·乔布斯——iPhone 发布会

这两年半以来，我一直都在期待今天。每隔一段时间，市场上就会有全

新的革命性产品问世，改变一切。苹果公司已经足够幸运，能够推出产品，向世界展示这些全新变化。

1984 年，我们推出了麦金塔计算机。它的到来不仅改变了苹果的命运，也改变了整个计算机产业。2001 年，我们推出了第一台 iPod。它不仅改变了我们听音乐的方式，也改变了整个音乐产业。今天，我们将推出另外三款革命性产品。

第一个是可触控的宽屏 iPod 音乐播放器。第二个是革命性移动电话。第三个是突破性的互联网通信设备。这就是本次发布会重点推出的产品，你都了解了吗？但其实，这些并不是三个单独的产品，而是一台产品。

在深入了解它之前，让我们先谈谈所谓的"智能手机"吧。它们一般是将电话通信功能、收发邮件功能和互联网的初期功能相结合而组成的全新产品。但问题在于，这些手机还不够智能，不易上手。

因此，我们需要发明新型手机。

你发现没有？他在说明一件事情时通常会列举三点来总结叙述。比如，他把苹果公司的历史划分为三个阶段。其实，对苹果公司了如指掌的人都很清楚，苹果公司的历史其实要复杂得多。他还把 iPhone 的功能归结为三点——互联网通信、触屏式 iPod 音乐播放器、革命性移动电话。那又如何看待革命性的摄像头、移动图书馆和游戏中心？他甚至连攻击竞争对手"所谓的智能手机"，都是从三点入手：它们只拥有电话通信功能、收发邮件功能和互联网的初期功能。

可是史蒂夫·乔布斯做到了。iPhone 一经发布，便掀起了一股苹果热潮。直到今天，苹果公司仍风头正劲：就在我写这本书的时候，苹果公司刚刚宣布了一个消息——公司的季度收益创历史新高。[1]此外，他在演讲中使用黄金"三"法则并非巧合。在他的职业生涯中，他只要发表重要演讲就会使用黄金"三"法则，比如1984年麦金塔计算机发布会、斯坦福大学毕业典礼上的著名演讲、最后的iPad发布会等。史蒂夫·乔布斯深知，"三"是一个神奇的数字。

> "三"是一个神奇的数字。

黄金"三"法则的魔力

黄金"三"法则无处不在，颇具力量（见图18.1）。

图18.1 "三"的力量

---

1. Juan Pablo Vazquez Sampere (2015), We shouldn't be dazzled by Apple's quarterly report, 4 February. Accessed 5/2/2015.

"豆汁，就在，亨氏。""一天一颗金星巧克力，保你工作、休息、娱乐随心意。""快！裂！砰！""这个、那个和其他""定位、定位、定位""非礼勿视、非礼勿听、非礼勿言""头、胸、腹""动物、植物、微生物""早餐、午餐、晚餐""过去、现在、将来""是的、是的、是的""等等、等等、等等""砰、砰、砰""去过、见过、做过""健康、富有、幸福""自由、平等、博爱"。

令人惊喜的是，我们基于黄金"三"法则这个简单手法，创作了众多令人难忘的短语、故事、歌曲、笑话、语录（见表 18.1）。难怪，它无处不在，这里，那里，到处都是。

表 18.1　黄金"三"法则的例子

童谣	《金发姑娘和三只熊》 《三只盲鼠》 《三只小猪》
体育	各就各位，预备，跑！ 准备！瞄准！射击！ 金牌、银牌、铜牌
音乐	《钱、钱、钱》 《A、B、C，谈谈 1、2、3》
电影	《善恶丑》 《飞机、火车和汽车》
电影广告	那是一只鸟吗？那是一架飞机吗？那是超人！ 他恐惧，他孤独，他离家 300 万光年。 狮子、老虎和熊。天啊！
文学	明天有果酱，昨天有果酱，但今天永远不会有果酱。 过去之灵、现在之灵、未来之灵。 《狮子、女巫与魔衣橱》

（续表）

喜剧	英格兰人、爱尔兰人、苏格兰人。 耻辱啊，耻辱，他们通通给我了。
莎士比亚	罗密欧、罗密欧，你为什么是罗密欧？ 马、马，一马失社稷！ 有些人生来伟大，有些人成就伟大，有些人被迫伟大。
法律	我保证讲真话，完全实话，绝无虚言。 准备、瞄准、开火。

　　成四的话语有些言过其实，甚至有些疯狂。那成二呢？成二的话语会过于简略，显得微乎其微了。成三的话语听起来果断、完整和确定。关键在于，黄金"三"法则行之有效。学术界已证明，三点论证比四点论证更具说服力。

三点论证比四点论证更具说服力。

黄金"三"法则有效的原因

　　为什么黄金"三"法则有用？人们对此有很多种解释。

　　有人表示，人们最少列举三项，才能发现其中的模式规律。例如，如果我只列出数字 1 和 2，你其实无法确定下一个数字。它可能是 3（如果规律为等差递增），也可能是 4（如果规律为成倍递增）。只有当序列中至少存在三项时，人们才能渐渐发现其中的模式规律。因此，这让人们觉得黄金"三"法则可以给出结论，就像辩论中的一锤定音。

　　还有人表示，黄金"三"法则是基于一种古老的修辞思想——"省略三段论"来论证观点的。一个省略三段论也同样包含三个步骤，举例如下。

- 大前提——人终有一死。

- 小前提——我是个人。

- 结论——因此，我也终将一死。

我认为，黄金"三"法则之所以有用，原因在于两个深深根植于大脑的观点。第一，我们的身体体验来自平衡（详见第 19 章）。这意味着我们习惯比较两种极端，比如左与右、前与后、上与下。有了两种极端，那自然也就存在支点，即两种极端的中点。因此，每当我们说出第三点时，人们都会觉得这才是最后的核心内容，可以推导出结论。

第二，熟悉。在生活中，我们习惯于听到人们用成三结构来论证问题。因此，我们会产生一种期待，期望着发言人可以用第三点来结束论证，归纳出结论。

当然，我们还可以推测黄金"三"法则有用的其他原因。但归根到底，最重要的是，黄金"三"法则确实行之有效。它不仅适用于语言，还适用于艺术、音乐和设计。正因如此，摄像机屏幕上会存在 3×3 网格，人们喜欢把戏剧分成三幕或三部曲来表演。黄金"三"法则意味着完整、终结和完美。就……像……那样。

黄金"三"法则的实际应用

那么，黄金"三"法则该如何使用呢？其实，你或许已经会使用了，只是没意识到罢了。

人们在情绪高涨、热情激昂时，就会自然而然地使用黄金"三"法则。举个例子。我们在尝试说服某人去马耳他旅游时，往往会给出三个原因——便宜啤酒、美丽海滩、短途旅行；表扬某人的工作时，会说："好，好，好。"评价他人工作表现时会说："高效、可靠、尽心尽力。"通常来说，即便原本没有第三点，我们也会为了语句完整，硬凑出来。我们在随后的测试中发现，第二点和第三点实际上别无二致、可以互换、难以区分。

可是，如果谈论一些人们不感兴趣的话题，还硬要说服他人，那可就麻烦了。在这种情况下，我们可以故意使用黄金"三"法则。我们可以巧妙设计，在恰当的地方穿插黄金"三"法则，然后使其贯穿整体。这种技巧可以广泛应用于任何场景，比如谈话，写电子邮件、小册子或信件，尤其是演讲。

黄金"三"法则与演讲

黄金"三"法则在演讲中非常常见，常见到演讲者要是不使用黄金"三"法则，似乎都很难给出建议：最初，人们建议，一位优秀的演讲者应该"昂首站立，自信发言，闭嘴坐下"。[1]后来，业界流行着一个广受引用却毫无依据的建议，即一位优秀的演讲者应该首先告诉听众演讲主题，再给予论证，最后复述得出的结论。（演讲教练格雷厄姆·戴维斯表示，这有点像"告诉听众你要保护他们，然后你真的保护了，最后再告诉他们已经保护了"。）

人们也常常在演讲开头使用黄金"三"法则，以此正式拉开演讲序幕，比如"各位朋友、各位罗马人、各位同胞""各位来宾、女士们、先生们"。1997 年，斯宾塞伯爵在威斯敏斯特教堂（Westminster Abbey）给威尔士王妃戴安娜发表悼词时，开头便说："今天我站在你们面前，作为一个悲恸家庭的代表，站在一个举国哀悼的国家中，向着备受震惊的全世界发言。"当然，我

---

1. 1917 年，演讲者劳瑟首次提出该建议。

们也可在结尾使用黄金"三"法则以结束发言，比如"他向大家道晚安，我也向大家道晚安，祝好梦""谢谢大家，天佑你们，天佑美国""吃好，玩好，怡然自乐"等。

很多演讲都是三段式结构：开头、发展和结尾（你要是一名哲学家，那结构通常是开头、困惑和结尾）。演讲者也常常分三部分来表述观点，方便观众理解。例如，"我们的过去、我们的现在、我们的未来""更好的产品、更好的服务、更好的想法""本能脑、情感脑、逻辑脑"等。

人们也会在演讲片段中使用黄金"三"法则来表明立场。2010 年英国大选后，工党和保守党领导者与自由民主党的人士陷入争执，不停地争论组建政府的事情。当时，工党和保守党就采用黄金"三"法则来争论。保守党表示，他们希望组建一个"美好、强大、稳定的政府"，[1]工党则希望组建一个"强大、稳定、有原则的政府"。你看，黄金"三"法则用得妙极了。你可以再看看英国广播公司的新闻网站：我敢打赌，上面一定有很多利用黄金"三"法则的引语。我写到此时，社会发生了很多重大政治事件，比如戴维·卡梅伦谴责欧盟"权力太大、过于蛮横霸道、太爱多管闲事"，亚历克斯·萨蒙德（Alex Salmond）谴责威斯敏斯特"虚张声势、气势汹汹、恃强凌弱"，还有人谴责保守党"内部分裂、半途而废、不思进取"。

你明白了吧，我这才列举了三个例子，你肯定不想再看其他例子了吧？

---

1. Andrew Adonis (2013), *5 Days in May: The Coalition and Beyond*, London: Biteback Publishing, pp. 58–9.

黄金"三"法则与灵感

竞选常常基于三个信息点。比尔·克林顿在 1992 年大选时，围绕"经济是基础""变革至关重要""不要忘记医保"这三点展开论述，表明立场。而工党领导者在 2010 年大选时，聚焦"前路、家庭、公平"这三点，尽管彼得·曼德尔森开玩笑称这三点实为"末路、毁家、不公"。毋庸置疑，黄金"三"法则更易让人们将这些信息牢记于心。

这就是很多使命宣言都是成三结构的原因。比如，星巴克的企业理念是"每人、每杯、每社区"，英国广播公司的宗旨是"告知、教育及娱乐"，美国海军陆战队的使命是"责任、荣誉和国家"。[1] 事实上，美国海军陆战队甚至在组织架构上都遵循了黄金"三"法则，队员大多组成了三人团队。其实，在那之前，他们也尝试过四人成队，但可想而知，团队表现相当不佳。

在大型谈话中，黄金"三"法则交流跟一对一交流存在异曲同工之妙。我的女儿相当迷恋贾斯汀·弗莱彻（又称翻滚先生）。最近，我读了一篇关于他的采访报道。他在采访中讲述了自己跟伊恩·洛克兰的一次会面。20 世纪 90 年代末，他约好与英国广播公司儿童教育频道 CBeebies 的责任编辑伊恩·洛克兰见面。当时，洛克兰告诉他儿童电视节目能够成功，主要归因于三个秘诀：言语清晰、内容亲近、用心专注。[2] 黄金"三"法则可以彰显强大的领导力量。正因如此，就算过了 16 年，弗莱彻仍然清楚地记得这三个秘诀。这就是领导力语言。

---

1. 1962 年 5 月 12 日，麦克阿瑟将军在西点军校接受军校奖励——西尔瓦努斯·塞耶荣誉勋章，并发表演讲。

2. Nick McGrath，Mr Tumble：'Why be on kid's TV？I just love it！'，Mar 2012. Accessed 12/2/2015.

我们离不开黄金"三"法则

黄金"三"法则适用于任何场景。如果你是教师，你可以把课程分为三部分来教学。如果你是销售员，你可以把产品优势归纳为三点向用户介绍。如果你是会计，你可以把年度账目分析总结成三个关键要点。

黄金"三"法则对我们所有人都有益无害，戴维·卡梅伦这样的政治家就说过：

富有同情心的现代保守主义是适应时代、党派和国情的不二之选。如果我们从现在开始，用尽所有热情、活力和精力去争取、追求、奋斗，我相信，待下次大选之时，我们一定势不可当。[1]

或者像罗素·布兰德这样的反政客所说：

我不投票，是因为我对于政客的谎言、背叛和欺骗早就无动于衷、感到厌倦了。世代以来，他们不曾悔改，反而变本加厉，如今已经到了狂热的程度。这样一来，我们变成了悲惨的下层阶级，丧失了权利，磨灭了希望，整日笼罩在无望与沮丧中，日复一日，年复一年。而政客提出的那种政治制度压根无法代表我们的需求。[2]

上面这两段话都运用了黄金"三"法则，很有冲击力吧？可是，有人批评说，这些言论过于强势了。这些话要是稍微被中和一些，给人冲击又不失温和，就更能打动人心了。因此，让我们继续讨论下一个领导力语言的秘诀——平衡。

---

1. Fulltext：David Cameron's speech to the Conservative conference 2005，Oct 2005. Accessed 12/2/2015.

2. 2013 年，罗素·布兰德接受英国广播公司"晚间新闻"主持人杰里米·帕克斯曼的采访。此段内容摘自该采访。

19 平衡法则

"风格可以体现严谨的平衡思维和观点的完整性。"

——德米特里

人类对于平衡的永恒追求

孩子学会走路是父母一生中值得自豪的一件事。孩子经过了数月的努力、坚持、磕碰、受伤和发脾气，真正迈出脚步的时候，他们掌握了人类必需的一个重要技能：平衡。

要想生活事事顺利、大获成功，平衡至关重要。平衡饮食、平衡思想、平衡思维都必不可少。平衡是科学、数学和工程的基础。我们在走路、跑步、游泳时都需要保持平衡。这就像阴与阳、昼与夜、男与女，万事万物都需要平衡。

平衡是人类体验的本质。我们整个身体都处于一种平衡状态，我们有两只眼睛、两只耳朵、两只胳膊、两只手、两条腿、两只脚，我们必须保持二者的平衡，否则就会摔倒。这一点也不夸张。当然，在我敲下这段文字时，我的两只手就在平衡地工作。而你在阅读这段文字时，你的两只眼睛浏览文字，获取信息，然后将其传至大脑。在这个过程中，两只眼睛同步运作、保持平衡，就仿佛合二为一似的。这都是平衡的功劳。

神经科学领域的"具身理论"表明，我们的认知基于身体体验。如果身体平衡性较好，我们就能较好地平衡思想。因此，在领导力语言中，观点必须听起来不失公允。如果辩论思路听上去平衡合理，我们也会理所应当地认为论点公正合理。

> 如果辩论思路听上去平衡合理，我们也会理所应当地认为论点公正合理。

平衡辩论法

古罗马人非常清楚平衡性在辩论中的重要性。西塞罗曾主张采用以下这种演讲结构。

1. 序言——介绍主题

2. 历史综述——叙述迄今为止的历史事实

3. 论点——如今面临的问题

4. 论据

5. 反驳

6. 结论

这种结构内部本身就体现着平衡。辩论的发展方向似乎相当公正，仿佛辩论双方在得出结论前都认真权衡了利弊。因此，这种演讲结构才非常高效。领导者喜欢按照这种结构来理顺辩论思路，整理论据材料。好了，让我们实际应用一下吧。用这种结构来解决颇受争议的核能问题，给出支持与反对的理由。

支持核能

1. 序言——因此……让我们来讨论下一代人的能源供应问题。

2. 历史综述——自开天辟地以来，人类一直在积极寻找新型能源。人类一旦找到新型能源，就会立即将其投入使用、提取、开发。因此，我们使用了火、煤和天然气。后来，我们有了潮汐能、太阳能和水能。如今，我们该开发利用核能了。

3. 论点——但是目前人们对此存在疑虑，众说纷纭。

4. 论据——跟过去的石油燃料相比，核能：（1）更安全；（2）更可靠；（3）更可持续。

5. 反驳——放弃核能会让我们更加依赖过去的石油燃料。可是，石油燃料终有一天会消耗殆尽。而且使用石油燃料会排放更多的二氧化碳。还一如既往地使用石油燃料，显然不是长远之举。

6. 结论——我们应该义不容辞，推进核电站的建设。

是不是很有说服力？现在，我们使用相同的结构来推翻上述内容。

反对核能

1. 序言——我们需要诚实、公正地探讨核能问题，而不是以既得利益为主展开辩论。

2. 历史综述——在过去的 70 年里，历任政府官员只讨论过核能的优势。可是，你还记得英国温斯凯尔核电站的火灾吗？还记得切尔诺贝利核电站的爆炸吗？还记得日本福岛核电站的事故吗？

3. 论点——我们还应该继续发展核能吗？

4. 论据——核能：（1）非常危险；（2）污染环境；（3）耗资巨大，是个定时炸弹。

5. 反驳——那些从核能中获利的个人或机构成员一直在发布不实报道，歪曲事实，还声称他们是独立的。你一定不要轻易相信他们。于他们而言，钱大于天。

6. 结论——让我们在面临真正的灾难前，摆脱这充满毒气的混沌世界吧。先不管其他大陆，先在我们这片大不列颠土地上远离核能。

这已经是两个相当不错的辩论框架了。人们只须再填补一些内容，就能够轻松进行一场 20 分钟的激情辩论了。

我们再试试另一个主题。截至 2015 年，英国的欧盟成员国身份一直备受争议。我想这个问题肯定还会引领未来几年的舆论潮流。因此，让我们想象一下，反对与支持留在欧盟的两个阵营会如何运用西塞罗的结构表明自己的立场呢？

反对留在欧盟

1. 序言——我们终于有机会探讨英国的未来了。

2. 历史综述——瞧瞧，显而易见，英国本身就足够强大了。

现在是，未来更是。纵观历史——亨利八世、维多利亚女王、丘吉尔等伟大领袖，早已带领我们步入强国行列。我们是一个自豪的国家，不需要法国和德国的支持。很多国家还需要借鉴我们的辉煌历史，汲取治国灵感呢！我们压根不需要指望世界上的其他国家。

3. 论点——这是千载难逢的机会，可以彻底做个了断：到底继续留在欧盟还是退出欧盟。

4. 论据——如果脱欧，我们就可以自由制定国家法律，自由控制国家边界。我们还可以站在世界舞台上畅所欲言，直抒胸臆。这样，我们就能明确而坚定地发出英国声音，给世界带来震撼。

5. 反驳——如果继续留在欧盟，我们也会一如既往，遵守那些愚蠢的法律，参加愚蠢的会议，上交愚蠢的提案。

6. 结论——别犹豫了，脱欧吧。

支持留在欧盟

1. 序言——太好了，我们终于可以冷静且仔细地考虑英国与欧洲各国的关系了。到目前为止，这个争论相当火热，但还不够清楚。

2. 历史综述——我们好好想想欧盟的诞生过程吧。第二次世界大战后，欧洲沦为废墟，生灵涂炭。在 30 年里，我们失去了 4000 万条鲜活的生命，好多大城市都被夷为平地。

可是，从茫茫废墟中衍生出一个伟大的思想：跟欧洲经济紧密关联。原因很简单：通过经济捆绑，远离战争。

从那时起，我们跟欧洲各国和平度过了 70 年，愈加繁荣昌盛。

3. 论点——可如今，有人要打破和平，重现危险。

4. 论据——我们知道，加入欧盟可以促进经济发展。毕竟，我们跟欧洲各国进行贸易往来，为国民提供了 300 万个工作岗位。

我们知道，加入欧盟能够改善环境——我们可以齐心协力，共同解决气候变化、污染和浪费问题。

我们知道，加入欧盟能够促进社会和平——我们可以跨国合作，阻止罪犯滋事，并杜绝一切犯罪行为。

5. 反驳——现在脱欧就如同改变历史潮流，让时间倒转，重回那个欧洲分崩离析、濒临灭亡的时代。谁又想那样呢？

6. 结论——放弃脱欧吧，让我们一起努力，共创欧盟的美好未来。

如今，大多数重要的政治演讲都有意识、无意识地遵循着西塞罗结构。究其原因，这种结构符合自然逻辑，很容易让人接受。每个人都非常认同"一方面……另一方面……"这种论证结构，毕竟，这让论点更容易理解，结构更令人满意。

> 如今，大多数重要的政治演讲遵循着西塞罗结构。

平衡句

平衡句形式多样。古希腊修辞学家为所有平衡句都取了名字。重要的是，为了吸引逻辑脑的关注，句子必须听起来有平衡感，即需要以跷跷板那种摇摆不定的感觉为基础，让人们体会到利弊权衡。因此，我们尽量不要使用像"我们必须做……"这样的断言，而应该寻找问题的对立面，体现对比意识，从而实现句子的平衡。比如，"我们在减税增收""我们在增收节支""我们在降低预算，提高满意度"等。这些句子似乎都非常具有平衡感。实际上，它们可以体现截然相反的立场，但这并不是关键。重要的是，只要句子听起来平衡就够了（见表 19.1）。

表 19.1 平衡的例子

平衡公式	例子
不是……而是……	不是闪电侠，而是戈登。 不是生存，而是繁荣。
是……不是……	有的事物是像社会一样的存在，而不是像国家那样的存在。
……还是…… 要么……要么……	生存还是毁灭。 要么支持，要么反对。 要么成功，要么毁灭。
论点 1……论点 2……	没有信仰的科学是瘸子，没有科学的信仰是瞎子。
不是 x 的对立面，是 x。	你不是战友，你是敌人。
论点……紧跟着论点的细微变化……	严厉打击犯罪，严厉打击犯罪动机。 支持欧洲，支持欧洲改革。 不要问你的国家可以为你做什么，而要问你可以为你的国家做什么。 人们要被榜样的力量所打动，而不是被职权所迷惑。
顶真（上句的结尾是下句的开头）	你最需要的是爱，爱是你一切所需。

平衡的实际应用

广告语常常使用平衡技巧，详见表 19.2。

平衡在政界同样重要。"第三条道路的政治"其实就是平衡——在修辞和政治上都达成平衡。三角关系意味着在两个老正统党派间找到一个新的平衡点。[1] 这就吸引了众多选民的关注，因为大多数选民认为自己是平衡的。

　　从修辞上讲，很多话语都巧妙结合了黄金"三"法则与平衡两种技巧，比如"这不是过分监管或放松监管的问题，而是正确监管的问题""这并不是为了欧盟或美国的利益盲目做事，而是要始终如一地为了英国的利益做事""这不是要在社会公平和经济效益间做抉择，而是既要经济强劲，又要社会强大"等。因此，"第三条道路的政治"在政治诉求和语言修辞上都非常合理，沉重打击了两个老正统党派。

表 19.2　平衡的广告语

产品	广告语
苹果计算机	外形出众，内部特别，内外兼修。
PS2 游戏主机	在你的世界，玩我们的游戏。
柯达胶卷	分享瞬间，分享生活。
沃尔玛超市	省钱，省心，好生活。
玛氏巧克力	只溶在口，不溶在手。
奇巧巧克力	轻松一刻，奇巧时刻。
肯德基	有了肯德基，生活好滋味。
美宝莲	美来自内心，美来自美宝莲。
哈雷摩托车	美国血统，叛逆精神。
米勒啤酒	时间拥有，啤酒不愁。

1.　迪克·莫里斯曾在 1996 年比尔·克林顿大选期间为其效力。2000 年，莫里斯接受《前线》的采访，提到了三角关系："先取其所长，再找到一个优于任一政党的解决方案。这就形成了一个三角形，也就是三角关系。"

（续表）

产品	广告语
伊卡璐染发产品	她到底有没有染头发？只有她的美发师知道。
英佰瑞	物美价廉。

平衡与演讲

平衡句在演讲中占据着重要地位。很多优秀的领导者会用一系列的平衡句引出演讲内容。

　　"我们今天举行的不是一个政党的祝捷大会，而是一次自由的庆典。这既象征着结束，又象征着开始；意味着延续，也意味着改变。"

——约翰·肯尼迪，1960 年就职演说

　　"无论老少贫富；无论共和党抑或民主党；无论非裔、欧裔、拉丁裔、亚裔，还是美洲原住民；无论性别如何；无论健康抑或残疾。这就是所有美国人民的回答。"

——奥巴马，2008 年胜选演说

这类演讲的开篇都给人一种领导者掌控全场的感觉：似乎他们无所不知，无所不能。这就是领导力语言。

平衡与灵感

很多励志名言名句都体现着平衡感。事实上，一本格言书的第一行就是一个平衡句："人生短暂，学海无涯。"[1]直到今天，很多伪知识分子发布在社交媒体平台上的评论也是些平衡句。究其原因，平衡句会显得人们崇高雅致、知识渊博。只要我们仔细推敲，左脑就会开始运作并浏览文本，分析语义。最后，我们就会发现，这些评论大多是废话。

头韵与谐音

> 英国预算报告中常常出现成对的头韵词。

头韵可以提高语句的平衡感。英国预算报告中常常出现成对的头韵词，比如"口袋里的英镑"（pound in your pocket）、"值得付出的代价"（price worth paying）、"谨慎为目的"（prudence for a purpose）、"优先事项"（people's priorities）、"繁荣与萧条"（boom and bust）、"工作福利"（welfare to work）等。平衡就应被凸显强调，这不足为奇。毕竟，做任何预算都是为了平衡收支。戈登·布朗也喜欢使用成对的头韵词，比如"倾听与学习"（listen and learn）、"挑战与变革"（challenge and change）等。他甚至还将自己的演讲选集命名为《我们选择的变革》（*The Change we Choose*）。乔治·奥斯本更是在整个职业生涯中惯用这套技巧，比如"复兴之路"（road to recovery）、"英国预算"（Budget for Britain）、2015 年大选上提出

---

1. Hippocrates (2010), *Aphorisms*, London: Nabu Press.

的"能力还是混乱"（competence or chaos）选择等。[1]头韵不仅是英国人使用的技巧。如今，世界上大多数地区都会用"新常态"（the new normal）来形容金融秩序。

头韵具有一种固有的游戏趣味性。很多英国杰出创作者都喜欢使用头韵，比如约翰·班扬的《天路历程》（*The Pilgrim's Progress*）、莎士比亚的《爱的徒劳》（*Love's Labour's Lost*）、披头士乐队的《奇幻之旅》（*Magical Mystery Tour*）等。头韵可以提高平衡广告语的级别，彰显韵味，比如"从优秀到卓越"（good to great）、"不成功便成仁"（do or die）、"机不可失，失不再来"（now or never）、"爱也好，厌也罢"（love it or loathe it）、"是敌还是友"（friend or foe）、"破产还是毁灭"（broke or bust）、"太少太晚"（too little too late）等。

并不是所有人都喜欢头韵。有些人避之不及，认为头韵听起来过于花哨圆滑。吉米·卡特的演讲撰稿人表示，吉米·卡特就是那种只会说"事情就这样了"的人。吉米·卡特这种说话方式有些沉闷无聊，毕竟，他甚至可能都察觉不到韵律的美妙之处。而韵律正是我们将在下一章重点谈论的内容。让我们移步下一章吧！

1.　出自乔治·奥斯本的 2011 年预算案。

20　韵律法则

"罗瑟琳：不过，你真的会像诗中写的那样，爱得那么深沉吗？

奥兰多：无论是诗，还是理性，都无法完全表达我的爱意。"

——《皆大欢喜》，威廉·莎士比亚

韵律的永恒力量

20 世纪 70 年代初期，巴格利在德比郡当小学校长。他给《星期日泰晤士报》（*Sunday Times*）写了封信，哀叹电视节目对现代生活的影响，并极力呼吁优秀童谣回归生活。后来，一位纽约音乐家看了巴格利的信。当时，这位音乐家勃然大怒，立马通过报纸向巴格利做出了回应。他表示，巴格利不应该批判电视节目，而应该主动看到电视节目对教育的积极影响，即电视节目中的韵律可以促进儿童学习。比如，儿童教育电视节目《芝麻街》（*Sesame Street*）会教孩子们用韵律阅读，就像童谣一样。音乐家敦促巴格利多多关注类似节目。最后，他在结尾署了名字，还开玩笑地引用了某品牌的广告语："试一试，你会喜欢的。"

这个故事似乎没什么特别之处，只不过，那位音乐家就是约翰·列侬（John Lennon）。因此，一个又一个的领导者也开始各抒己见：虽然他们对教育孩子的最佳媒介持有不同意见，但他们都非常赞同韵律的重要性。

韵律使论点更可信

韵律一直在教育和说服方面发挥着特殊作用。长期以来，我们经常认为有韵律的东西就是真实的。"韵律或理性"（rhyme or reason）这个短语至少可以追溯到 15 世纪。这表明人们一直关注一个论点：韵律可以提供理性论据。如今，我们已有研究可以证实这一点。

> 人们更倾向于相信有韵律的语言的真实性。

研究表明，相比不押韵的语言，人们更倾向于相信有韵律的语言的真实性。在一个特别研究中，半数的研究对象接触到一些有韵律的句子，如"小心驶得万年船"（caution and measure will win you treasure）、"生活就是斗争"（life is strife）等；而其他半数的研究对象接触到类似的语句，其意义相同但不押韵。[1] 研究表明，前者比后者更愿意相信那些句子的观点。关键是，他们否认受到了韵律的影响。这样一来，韵律的功能更显强大：它可以在人们无意识的情况下影响人们的看法，让观点更加可信。

---

1. M.S. McGlone and J. Tofighbakhsh, source: Department of Psychology, Lafayette College, Easton, PA 18042-1781, USA.

韵律深深印在我们的脑海中

我们在幼年时，通过韵律学会了字母表（abcdefg，hijklmnop...），知道了风险（蛋头先生墙上坐，蛋头先生跌下墙）（Humpty Dumpty sat on the wall, Humpty Dumpty had a great fall），甚至学会了早上自己穿衣服（一，二，扣上我的鞋子）（One, two, buckle my shoe）。

这些模式和韵律早在我们小时候就已经深深印在我们的脑海里。一些研究表明，我们还未出生时，就已经潜移默化地学会了这种韵律模式。宝宝要是在妈妈肚子里听过《戴帽子的猫》（*The Cat in the Hat*）这个儿童故事，出生后就会主动寻找并阅读有同样韵律的诗歌。[1]

韵律只是听上去十分可信，里面的词语似乎很自然地结合在一起，因此，我们就理所当然地认为那就是自然结合在一起的。

韵律的实际应用

那么，你怎么看待上述观点呢？现在，我不建议你总是用押韵的方式讲话：虽然这种方式肯定能吸引人们的注意力，但领导者可能并不需要这样的关注。相反，我的建议是，你无法确定自己能否准确表达观点时，可以尝试使用韵律性语言。就像黄金"三"法则一样，韵律也可以创造出气势强大、吸引

你无法确定自己能否准确表达观点时，可以尝试使用韵律性语言。

---

1. A.J. DeCasper and M.J. Spence (1986), Prenatal Maternal Speech Influences Newborns' Perception of Speech Sounds, *Infant Behavioural Development*, Vol. 9, pp. 133–50.

人的广告语和口号。

如表 20.1 所示，历史上很多优秀的广告语都采用了押韵的形式。

表 20.1　有韵律的广告语

产品	广告语
天美时手表	经久耐用，无坚不摧（Takes a licking, keeps on ticking）。
福特汽车	我们做的一切都由你主导（Everything we do, is driven by you）。
吉列剃须刀	一个男人最好的模样（Gillette, the best a man can get）。
金星巧克力	金星巧克力，保你工作、休息、娱乐随心意（A Mars a day helps you work rest and play）。
百威啤酒	感恩所有，百威啤酒，为你干杯（For all you do. This Bud's for you）。
奎克菲特汽车维修公司	奎克菲特汽修，给你最好的服务（You can't get better than a Kwik Fit fitter）。
黑格威士忌	有问题，找黑格（Don't be vague, ask for Haig）。

很多运输车辆上都印有韵文，如"你购物，我送货入户""从我们商店到你家门前""赶时间？赶紧网上逛店"等。这些韵律棒极了。

商务人士也常常使用韵律来总结哲理。理查德·布兰森曾说"别想太多，尽管去做"，杰克·韦尔奇曾提出"末位淘汰"（rank and yank）的策略来解雇公司底层 10% 的员工。

另外，我们还可以使用韵律提问题。我们应该"巧干还是苦干"？你觉得"热不热"？你更喜欢"纸质书还是电子书"？你会送出"电子邮件还是普通信件"？

韵律有助于塑造令人印象深刻的模型。例如，塔克曼将团队发展划分为
"形成，震荡，规范，执行"（forming, storming, norming, performing）四个阶
段。这个发展模型就在语言韵律上完全胜过了理性。根据我的经验，记住这个
模型远比理解它简单。我问过一些人对于这个模型的理解，他们所有人都对
"震荡"和"规范"的真正含义有种非常奇怪的理解，可是他们都接受了这种
观点。究其原因，这些说法非常有韵律，以至于人们觉得很简单。的确，很多
时候，韵律远比理性重要。

韵律在演讲中也至关重要。有时，韵律会神不知鬼不觉地出现，像躲过
了雷达，让人难以察觉。2014 年，戴维·卡梅伦在政党大会做演讲收尾时，
连续用了三个不易察觉的韵律。

历史由我们书写。今天做出的决定终将在明年五月——履行。

那么，英国将变成什么样呢？

我想：不要从头再来（square one）了。让我们顺利结束已开始（begun）
的一切吧。

让我们把英国建设成一个人们引以为豪的家园……为你们，为你们的家
人，为每个人（everyone）。

这些韵律几乎都难以察觉。至少，接下来几天的新闻报道都没有关于韵
律的任何评论。尽管如此，戴维·卡梅伦运用了韵律，而且希望以这种方式谨
慎地传达观点，让人们更容易接受一些。

有时，韵律也非常明显。拳王阿里在哈佛大学做过一次演讲。那场演讲
简直震撼人心。在某一刻，阿里停下来喘了喘气。一位学生便大喊："继续
讲！献给我们一首诗吧。"阿里沉默不言。随后，他拿起麦克风，说道："我一
个人吗？大家一起吧。"（Me？ We.）

棒极了！这就是领导力语言。你可以使用韵律，但请注意，千万不要滥用。你如果还不会运用，那还是不用为妙。这都取决于你所做的一切，而你所做的一切又取决于你的观点……

21　观点法则

　　1773年，詹姆斯·博斯韦尔（James Boswell）带着塞缪尔·约翰逊（Samuel Johnson）来到爱丁堡，打算炫耀一番自己的家乡。他们两人在一条只有几米宽的格鲁吉亚古巷里散步，这时，他们抬头望向窗户，只见两个女人从窗户里探出身子，生气地朝对方大吼大叫，然后挥舞着扫帚满巷追逐。塞缪尔·约翰逊指着那两个人说："这两个女人永远无法达成一致。因为她们争论的前提截然不同。"

　　我们争论的前提对最终的争论结果有着至关重要的影响。20世纪80年代，英国广播公司第二台播出了电视剧《是，大臣》（Yes Ministe）。我恰恰是这部电视剧的忠实粉丝。我过去常常喜欢看汉弗莱·阿普比（Humphrey Appleby）爵士任意摆布吉姆·哈克（Jim Hacker）。

　　生活中，大多数人对很多事情都没有固定的看法。相反，他们还会基于不同的观点随时改变立场。改变人们观点的关键是改变他们的立场。

　　因此，伟大的领导者会刻意影响人们的观点走向。他们往往从一个普遍共识出发讨论问题，让人们无法提出异议。基于此，他们再慢慢地往外延伸，

> 改变人们观点的关键是改变他们的立场。

拓展观点。人们越是一开始就强烈认同领导者的观点，就越容易接受领导者的呼吁，支持领导者的做法。请看一个例子。

反对限制银行家的奖金

- 你认为政府有权告知你该如何用你的钱吗？
- 你认为政府有权告知所有人如何用他们的钱吗？
- 你认为政府有权决定人们的薪资吗？
- 你认为政府有权任意规定某些行业的薪资上限吗？
- 你认为应该限制银行家的奖金吗？

支持限制银行家的奖金

- 你认为工作失误的员工还应该受到奖励吗？
- 你认为在医生和护士遭到减薪时，政府应该拿出数千亿英镑的公共资金来补贴银行吗？
- 这群银行家导致银行仍然使用这些补贴，给那些造成金融危机的人发放数百万英镑的奖金，你认为这种做法正确吗？
- 你认为政府应该继续支持那些强大的既得利益阶级吗？
- 你认为应该限制银行家的奖金吗？

由此看来，人们不喜欢那些前后矛盾、毫无原则、自私自利的观点。因此，你可以顺着这种思路，让人们继续赞同你的观点，即便你之后将话锋转向以前存在异议的问题上，他们也不会表现得有太多异议。如果他们针对第一个和第二个问题的回答都是肯定的，那么，我敢保证，第三个问题的答案也是肯

定的。每个精明的销售员都知道让人点头有多么重要。人们一旦开始点头同意，就很难再摇头否认。这就是启发式

方法。虽然在思维上存在一定缺陷，但它也是人们根据以往经验总结出来的法则。

> 人们一旦开始点头同意，就很难再摇头否认。

研究表明，大多数人拒绝在花园里放置标有"安全驾驶"的指示牌。然而，如果研究人员先激起他们的团体互动意识，他们就会同意放置指示牌。你可以想想如何应用这种方法来解决你的问题：如果你从深刻的普遍共识出发论证观点，人们就会更容易接受它们。归根结底，关键在于构建恰当的沟通模式。

营造合适的氛围

观点不仅仅需要论证。有时，我们还须营造合适的氛围，烘托情绪，这有助于我们表达立场。托尼·布莱尔在其著作《旅程》（*The Journey*）中讲述了他促成北爱尔兰和谈的全经过。这场谈判堪称近代史上最困难的谈判之一。可是，托尼·布莱尔仅采用了相当简单的方法，就顺利解决了问题：他每天早上的任务，就是让人们点头赞同。他很清楚，他只要能让人们点头附和一次，就可以打破人们心中的固有观点，摆脱顽固的束缚。因此，他总是含糊其辞，说些无关紧要的事情，比如"今天有些棘手难题需要处理""今天天气不太好吧""昨天的问题很棘手吧"等。这些问题压根不重要，重要的是人们的回应。只要人们开始点头附和，事情就会日益明朗，领导者也就可以渐渐引出实质性问题了。

天时地利"事"合

另外，观点还受到很多其他因素的影响。

我曾经在一家大型汽车公司工作。这家公司一直信奉一个理念，即与众不同的思维需要新颖独特的观点。他们想要在公园里召开领导力语言研讨会，研讨会那天简直棒极了：公园里视野开阔，不受拘束。而且，青草葱葱，散发出清新怡人的味道。在这种环境下，员工不断开拓思想，积极发散思维、博采众长、集思广益。重要的是，他们在潜移默化中改变了观点。所以说，那次研讨会可谓相当成功。

如果你想跟他人展望未来，为何不选择在前进的路上讨论呢？研究表明，人们也更愿意在运动时谈论未来。哪怕是在火车上，在邮局排队时，抑或在其他微乎其微的运动中，你都可以找他人大谈未来。你要是想谈论某人的事业或个人发展，也请在运动时再交流。究其原因，无论在言语上还是思维上，人们在运动中都会不自觉地关注未来。

你要知道，情感可以影响人们的观点，还可以刺激大脑分泌激素。但你知道会分泌哪些激素吗？皮质醇？催产素？多巴胺？还是血清素？如果你刚好看到某人剧烈运动完，你就会发现，他会感觉自己强壮有力、自信满满，而且内心平静。设想一下，在这种情绪状态下，你会让他做什么呢？相反，你要是带某人去吃高档午餐，请他喝酒吃饭，他很可能产生一种错觉，感觉自己背负了新的责任。这样一来，他在吃饭时就会想何时才能打个盹儿来逃避责任。

时机也能从根本上改变人们的观点。人们更倾向于在一周结束时展望未来，而不是在一周开始时。正因如此，我们每到星期五都遭到电子邮件广告的无情轰炸。然而，你可能会好奇，为什么大多数团队会议选择在星期一举行呢？据统计，大约半数员工在星期一上班时会迟到，然后再花大约 12 分钟大肆抱怨。那时，他们肯定会 100% 消极地应对建议，不是吗？哦，对了，97% 的数据都是现场统计的，而且其中 74% 的数据都有所夸大……[1] 讲到数据……请看下一章吧。

---

1. 这只是个笑话。

22 数字法则

"世界上有三种谎言：谎言、该死的谎言、统计数字。"

——本杰明·迪斯雷利

人们不理解数字

彼得·曼德尔森说过，大多数人不理解统计学，就算理解，他们也认为统计学是胡扯。他认为半数英国成年人的

> 半数英国成年人的数学能力水平还不如 11 岁孩子的水平。

数学能力水平还不如 11 岁孩子的水平。[1] 数字对大多数人来说毫无用处。我一直跟那些知名人士共事，他们就经常搞不清楚百万（million）和十亿（billion）这两个单位，甚至在新闻发布会上，记者大多数时候也压根不关注数字。研究

---

1. Grame Paton, Numeracy Campaign: 17m adults 'struggle with primary school maths', March 2012. Accessed 13/2/2015.

表明，大脑一次只能处理七位数的数字。[1] 然而，很多现代领导者认为，如果无法在风驰电掣间甩出一串串数据，就无法高效带领团队。

领导者如何有效使用数字

在领导力语言中，我们不会单纯为了使用数字而使用数字。我们使用数字，只是为了给人们留下更加深刻有力的印象，树立更加独特的形象：这就是领导者获得力量的方式。[2] 人们主要凭借对事物的印象和大脑中勾勒的形象来记忆观点。

> 我们使用数字，只是为了给人们留下更加深刻有力的印象，树立更加独特的形象。

我们可以通过下列方式实现这一点。

运用有韵律的语句

你可以使用韵律来增强句子的节奏感。例如："投资增加，收入提高，就业明朗，房价上涨，贸易激增。"不断使用重复这种修辞手法，持续讲下去。久而久之，人们就会在多巴胺的作用下兴奋起来，开始自发鼓掌。如果人们这样做了，你就赶紧抓住这股高潮，继续让人们情绪高涨。我们不需要讲得特别具体，只需要给人们留下印象即可。

---

1. T.D. Wilson (2002), *Strangers to Ourselves: Discovering the Adaptive Instinctive*, Cambridge, MA: Belknap Press of Harvard University Press, p. 24.

2. Stanislas Dehaene (2011), *The Number Sense: How the Mind Creates Mathematics*, New York: Oxford University Press.

找到有说服力的对比观点

你可以改变自己的观点。毕竟，数据和数字本身毫无意义。我们只有将这些数字彼此关联，才能凸显它们的真实用意。我们希望通过数字对比，凸显它们的特别：要么庞然大物，要么微乎其微。

因此，在领导力语言中，我们需要谨慎选择对立的观点，来强化我们的观点。零售商会给他们的商品贴上七折优惠的标签来吸引顾客消费。同样，我们也可以采用这种方式来突出观点。

由表 22.1 可知，不同程度的数据对比能够引出截然不同的看法，极大改变人们的观点。

表 22.1　不同程度的数据对比

问题	中立的数据	夸大的数据	缩小的数据
高管的薪资很高吗？	英国富时指数公司首席执行官的平均薪资高达 440 万英镑。	首席执行官的薪资是公司旗下员工的 120 倍。	首席执行官的薪资只占公司利润的 0.5%。
犯罪不受控制了吗？	2012 年，英国共发生了 489 045 起盗窃案。	英国的每条街道每年都会发生盗窃案。	自 2002 年起，英国的盗窃案数量已下降了 45%。
骑摩托车太危险吗？	英国每年有 317 位摩托车驾驶人员死于交通事故。	某时某地，英国每天都会有一名摩托车驾驶人员死亡。	每年死于肺癌和呼吸道疾病的人数是死于摩托车交通事故的 300 倍。

举个例子：英国广播公司收取电视牌照费，这笔费用物有所值吗？在表 22.2 中，我们从两个角度来讨论这个问题，并适当地夸大事实来加强我们的观点。

表 22.2　牌照费物有所值吗

物有所值	物非所值
牌照费每天仅 40 便士，相当于一罐黄豆的价格。	牌照付费者每年共向英国广播公司支付了 36 亿英镑，这笔钱足够建设 250 所新学校了。
牌照费只是天空电视台订阅费的 1/3。	网飞公司的牌照费还不到英国广播公司的一半。
在租约期内，英国广播公司的实际价格比报价减少了 25%，因此，我们过去要交 4 英镑，现在只需要交 3 英镑。	英国广播公司盲目投资了一个数字图书馆项目，白白浪费了 1 亿英镑，这比英国第五台（Channel 5）的市价还高。

　　我们在列举数据时穿插故事，更容易让人们信服。故事和数据彼此结合，相辅相成。人们会在脑海中勾勒出两个深刻而强大的形象。因此，如果你想证明英国广播公司的牌照费很便宜，你可以穿插这样的故事：你有一位年长的亲戚，非常喜欢看英国广播公司的节目。他独自住在一所小公寓里，每天都会听广播四台（Radio 4）。对他来说，收听节目已成为家常便饭，支撑着他活下去。如果你希望证明牌照费过于昂贵，你可以表示，这部分利润都进了退休董事的腰包。

善用图表

　　图表也可以帮助我们创造一个有说服力的形象。我认识一位演讲撰稿人，他过去主要给一位资深商人撰写发言稿。他曾告诉我，他准备每一张图表都要按照老板的指示，严格遵照相同的 45° 轨迹。无论这张图表用来衡量的是增长率、投资回报率，还是就业率，都无关紧要。它只要呈 45° 的上升趋势即可。这是因为，调整轴线可以达成一种积极效果，给人营造一种蒸蒸日上的表象。毕竟，大脑自然而然地认定，自左到右和自下而上象征着积极的发展趋势。

现如今，图表设计软件横扫市场，前景巨大。你可以灵活运用它们来设计图表。就我个人而言，我非常喜欢 Prezi 这款软件。你可以运用这款软件展示包含 100 人数据的图表，然后把其中一些部分阴影化处理来说明百分比情况。当然，你还可以通过放大其中的图表来讲述视频故事。

少即多

在演讲中，数据越精练，效果越好。显而易见，一个简单惊人的数据远比一连串复杂数据令人印象深刻。例如，"房间里的每个人都欠债 28 000 英镑""每天有 24 000 名儿童死于营养不良""12 亿人每天的生活费不足 1 美元"等。这些数据就像一颗颗手榴弹，可以直击人心，带给观众冲击力。

简练的对比数据同样可以有力地证明观点。例如，苹果公司的现金流比美联储（US Reserve）还多；在军用开支排行榜上，美国的军用开支比其后 19 个国家的开支总和还高；美国的军用开支比教育开支还多。

另外，人们还会额外关注那些出乎意料的数据，如大多数犯罪皆为熟人作案；爱侣的出轨率高达 65%。

我已经写了足够多的数据，恐怕你早已记不住了。哎呀，我应该按照我的建议简化数据的。就这样吧，反正这趟领导力语言的旅程很快就要抵达终点啦……只不过，我们还有最后一章内容需要讨论，这部分内容也很重要。可惜，我记不清楚要讲些什么了，但一定要提……

23　简洁法则

> "很抱歉，我没时间给你写一封短信，所以写了这封长信。"
>
> ——马克·吐温

对，你没看错。就是这样，保持简洁。

后　记

T.S. 艾略特曾说："一切探索的尽头，都将抵达出发的起点，待我们重新认识这个地方。"[1] 因此，让我们回到本书开头的两个场景：红狮酒吧和海德公园。圣诞时分，我在红狮酒吧跟其他人畅聊历史世事。在那里，我们见证了当今领导者完全破灭的形象；2012 年夏季，25 万名伦敦观众齐聚海德公园，在伦敦市长的引领下，共庆体育盛事。至此，我们看到了人们满脸欢乐、激动喜悦的形象。

你更想要成为什么样的领导者？你希望像乌云一般笼罩人民，给他们带去恐惧和羞愧，制造分裂，泯灭希望；还是希望像一盏明灯，为人们照亮道路、指明方向，让他们充满活力、备受鼓舞、生机勃勃呢？

如果你已经受荐成为领导者，这表明，人们信赖你，期望你可以引领他们走上光明大道。所以，请仔细看看他们的眼睛吧。他们一定在对你说："请与我同行，请重视我，请给予我认可，让我充满自信。请不要像其他领导者那样。请不要让我失望，请不要对我说谎，请不要欺骗我。"你满足了人们的需求，他们自然会予以回报，全力支持你。可是，如果你无法满足人们的需求，

1.　T.S. Eliot (2001 [1943]), *Four Quartets*, London: Faber and Faber.

那你就只是徒有虚名，无法担负使命成为一名真正的领导者。

你有责任去关心那些看重你的人。有些领导者并非真心相待，所以大多数人压根不在意他们。这些领导者无法确保人们的安全，也无法给予他们关爱，更不会告知他们目标。久而久之，双方就会关系疏远，形成隔阂。于是，人们就会自行疗愈，填补空缺。数百万的人，日渐沉迷手机，逃避现实。2014 年，这种沉迷度达到了一个临界点：如今，我们每天沉迷手机的时间远比远离手机的时间多。人们平均每天查看并操作手机的次数高达 110 次。[1] 我们沉浸在众多社交媒体平台中无法自拔。一个小小的点赞或关注，都能让我们惊喜若狂。这就是多巴胺、催产素和血清素的作用。我们在拼命追求这些激素带来的满足感、亲密感和自信感。人们就是这样，想方设法地尽力弥补生活的空缺。

不要让人们失望。多让他们感到自豪，将目标如实相告，为他们指明方向。这本书为你提供了很多方法，帮助你满足人们的需求，赢得本能脑、情感脑和逻辑脑。你可能不会用到所有技巧，没关系的。浏览一下本书，找到你所需要的技巧，其他的暂且放在一边。但是请不要低估任何一种技巧的力量。我跟一群特别的领导者工作过。他们突然从相对隐蔽的幕后工作转战幕前，登上权力宝座，开始执掌大权，承担重大责任。毫不夸张地说，数百万的人都在注视着他们的一举一动。我见证了使用讲故事、同理心、改变观点等不同技巧所产生的不同效果。一旦领导者发现了领导力语言的巨大魅力，他们就会沉迷其中。他们只要认识到这些技巧的强大效果，就会反复使用它们。

如果你满足了人们的需求，他们就会予以相应的支持。有了他们的支持，难以想象你会在这个世界上取得怎样的丰功伟绩！

---

1. Victoria Woollaston, How often do you check your phone? The average person does it 110 times a DAY (and up to every 6 seconds in the evening), Oct 2013. Accessed 20/4/2015.